Père Robert Culat

Homélies pour Noël et pour Pâques

Père Robert Culat

Homélies pour Noël et pour Pâques

Au coeur de la Bonne Nouvelle

Éditions Croix du Salut

Impressum / Mentions légales
Bibliografische Information der Deutschen Nationalbibliothek: Die Deutsche Nationalbibliothek verzeichnet diese Publikation in der Deutschen Nationalbibliografie; detaillierte bibliografische Daten sind im Internet über http://dnb.d-nb.de abrufbar.
Alle in diesem Buch genannten Marken und Produktnamen unterliegen warenzeichen-, marken- oder patentrechtlichem Schutz bzw. sind Warenzeichen oder eingetragene Warenzeichen der jeweiligen Inhaber. Die Wiedergabe von Marken, Produktnamen, Gebrauchsnamen, Handelsnamen, Warenbezeichnungen u.s.w. in diesem Werk berechtigt auch ohne besondere Kennzeichnung nicht zu der Annahme, dass solche Namen im Sinne der Warenzeichen- und Markenschutzgesetzgebung als frei zu betrachten wären und daher von jedermann benutzt werden dürften.

Information bibliographique publiée par la Deutsche Nationalbibliothek: La Deutsche Nationalbibliothek inscrit cette publication à la Deutsche Nationalbibliografie; des données bibliographiques détaillées sont disponibles sur internet à l'adresse http://dnb.d-nb.de.
Toutes marques et noms de produits mentionnés dans ce livre demeurent sous la protection des marques, des marques déposées et des brevets, et sont des marques ou des marques déposées de leurs détenteurs respectifs. L'utilisation des marques, noms de produits, noms communs, noms commerciaux, descriptions de produits, etc, même sans qu'ils soient mentionnés de façon particulière dans ce livre ne signifie en aucune façon que ces noms peuvent être utilisés sans restriction à l'égard de la législation pour la protection des marques et des marques déposées et pourraient donc être utilisés par quiconque.

Coverbild / Photo de couverture: www.ingimage.com

Verlag / Editeur:
Éditions Croix du Salut
ist ein Imprint der / est une marque déposée de
AV Akademikerverlag GmbH & Co. KG
Heinrich-Böcking-Str. 6-8, 66121 Saarbrücken, Deutschland / Allemagne
Email: info@editions-croix.com

Herstellung: siehe letzte Seite /
Impression: voir la dernière page
ISBN: 978-3-8416-9858-2

Copyright / Droit d'auteur © 2013 AV Akademikerverlag GmbH & Co. KG
Alle Rechte vorbehalten. / Tous droits réservés. Saarbrücken 2013

Homélies du père Robert Culat pour Noël et pour Pâques

Au cœur de la Bonne Nouvelle

Table des Matières

1. Noël 2001..5

   (Messe de la nuit)..5

2. Noël 2001..8

   (Messe du jour)..8

3. Noël 2002..11

4. Noël 2003..14

   (Messe de la nuit)..14

5. Noël 2003..17

   (Messe du jour)..17

6. Noël 2004..20

7. Noël 2005..23

8. Noël 2006..26

9. Noël 2011..29

10. Noël 2012..32

1. Pâques 1996..35

2. Pâques 1998..38

3. Pâques 1999..41

4. Pâques 2000..44

5. Pâques 2001..47

6. Pâques 2002..50

7. Pâques 2003..53

8. Pâques 2004..56

9. Pâques 2006 59

10. Pâques 2007..62

1. Noël 2001

(Messe de la nuit)

En cette sainte nuit nous venons d'écouter la Parole de Dieu. Nous avons peut-être l'impression de connaître par cœur ces textes bibliques... Chaque Noël est pour nous l'occasion de les recevoir avec un cœur vraiment nouveau. Car la Parole de Dieu n'est jamais vieille, usée ou ridée... La Parole de Dieu ressemble bien au nouveau-né de la crèche ; elle est éternellement jeune et nouvelle, belle et resplendissante. Ce sont nos cœurs qui vieillissent trop vite, ce sont nos cœurs qui s'habituent au mystère et s'en lassent. Ce sont nos cœurs qui demeurent de pierre ou sont indifférents. Cette nuit de Noël nous est donnée pour redécouvrir l'émerveillement, l'étonnement, la gratitude en présence de l'enfant Jésus. La Parole de Dieu est vieille, 2000 ans et plus, mais elle est éternellement nouvelle et jeune depuis la nuit de la Nativité. En effet cette Parole ce n'est pas d'abord un gros livre parfois compliqué et déroutant que l'on nomme la Bible...

Cette Parole c'est d'abord ce tout petit couché dans la crèche, fils de Marie rendue féconde par l'opération du Saint Esprit. Car le petit Jésus c'est le Fils éternel de Dieu, sa Parole vivante. Avouez que le bon Dieu a beaucoup d'humour... Lorsqu'il veut nous parler directement et non plus seulement à travers les prophètes il nous donne le signe d'un nouveau-né, d'une créature incapable de parler. Ce sont Joseph et Marie qui apprendront à Jésus le langage humain et l'art de parler. Et si nous y réfléchissons bien Jésus a peu parlé tout au long de sa vie ! Trente ans sur trente-trois de vie cachée à Nazareth : vie faite de pauvreté, d'humilité, de travail, de silence, de simplicité ! Quant aux trois dernières années, celles de son ministère public, elles ne se sont pas résumées en enseignements et en prédications. Jésus n'a jamais ouvert une école, une université pour nous donner la meilleure des licences sur Dieu son Père. Il nous a ouvert un chemin de vie, il nous a invités à vivre une expérience nouvelle en communion avec lui, ce qui est bien différent ! Jésus, Parole de Dieu, a certes parlé en prêchant, en enseignant, en dialoguant mais il a surtout agi à travers les miracles et toute sa manière d'être et de se comporter. Alors si la Parole de Dieu nous semble peut-être usée ou nous laisse indifférents c'est le signe que nous ne la recevons pas comme il faut : nous la recevons comme un enseignement, une information alors que nous devrions la recevoir comme un chemin de vie. Le vrai disciple de Jésus sait très bien que pour comprendre la Parole de Dieu il faut d'abord essayer de la mettre en pratique.

En cette sainte nuit de Noël que nous dit cet enfant incapable de parler ? Lumière, joie et paix. Tous au plus profond de nous-mêmes nous recherchons la lumière, la joie et la paix. Le désir de bonheur est universel. Or que constatons-nous en nous et autour de nous ? Souvent le contraire. C'est bien la preuve que nous avons besoin d'être sauvés par Jésus. Si nous nous confions en nos seules forces humaines nous sommes incapables de faire régner la lumière, la joie et la paix. Permettez-moi de citer un peu longuement un passage d'un courrier des lecteurs d'une revue catholique. Un jeune de seize ans écrit : « *J'en ai assez de vivre. Je n'ai pas demandé à naître* ».

Voici le début de la réponse du prêtre chargé de cette rubrique : « *Les adultes que nous sommes serions tentés de vous dire : de quoi vous plaignez-vous ? Vous avez pour la plupart une vie de confort et de bien-être que n'ont pas connue les générations précédentes et dont sont loin de profiter la plupart des jeunes de la planète. Nous serions tentés de vous dire : prenez conscience de ce que vous avez. Vous mangez à votre faim, vous pouvez faire des études, vous disposez de nombreux biens : consoles, vidéocassette, DVD, ordinateur, portable… J'imagine la réponse qui nous serait faite : tout cela, je n'en ai rien à faire. Tout ce que je vois, c'est que j'ai une vie de dingue ! Et c'est vrai que nous vous avons donné des moyens de vivre, mais certainement pas des raisons de vivre. L'école enseigne tout, sauf l'essentiel : le pourquoi de la vie et son sens ultime. On a nourri vos intelligences, mais pas votre cœur ni votre âme. Et tous les biens de la société de consommation ne sauraient guérir un mal-être profond* ». Malheureusement ce mal de vivre touche tout le monde : les jeunes mais aussi bien des adultes. C'est probablement l'épidémie la plus redoutable de notre temps. Et c'est sur ce malaise et ce manque d'espérance que Satan s'appuie pour détourner du chemin de vie beaucoup de personnes. Alors comment retrouver la lumière, la joie et la paix ? La Parole de Dieu s'est faite chair en Marie pour pouvoir se « faire chair » en chacun de nous. Pas de la même manière bien sûr, c'est une image. Mais comme Marie nous pouvons dire « oui » en paroles et en actes à la Parole de Dieu, nous pouvons accueillir la présence de Jésus en nous et le donner au monde. Si nous étions vraiment chrétiens les gens n'auraient plus besoin de bibles. Ils nous regarderaient tout simplement vivre et ils verraient en nous la lumière, la joie et la paix données au monde par l'enfant de Bethléem.

2. Noël 2001

(Messe du jour)

Les textes bibliques du jour de Noël continuent d'égrener le chapelet de réalités qui nous font rêver : paix, joie, vie, lumière.

Dans la plupart des esprits la fête de Noël rime avec joie et bonheur. Dans la première lecture Isaïe nous montre le messager de la Bonne Nouvelle, c'est-à-dire le messager de l'Evangile. Tout cela est vrai.

Cependant à moins d'être aveugles ou égoïstes nous constatons à quel point notre monde manque de paix, de joie, de vie et de lumière. Pas seulement au Proche Orient mais aussi chez nous en France.

C'est que la joie de Noël n'est pas une joie infantile, naïve ou irréaliste. Celui qui médite attentivement les textes bibliques de ce jour se rendra compte, peut-être avec surprise, que la joie de Noël est une joie dramatique.

« Le Verbe était dans le monde, lui par qui le monde s'était fait, mais le monde ne l'a pas reconnu. Il est venu chez les siens, et les siens ne l'ont pas reçu ».

C'est de la crèche que cette joie nous est annoncée. C'est-à-dire d'un lieu de pauvreté, d'un lieu inconfortable. Cette joie, toute la révélation chrétienne nous enseigne qu'elle est le fruit de l'Esprit-Saint donné à l'Eglise au jour de Pentecôte. Mais on ne passe pas de Noël à la Pentecôte sans passer par la souffrance et la croix du vendredi saint. Jésus-Christ a payé cher pour nous obtenir cette joie : il a accepté, mieux il a choisi la pauvreté. Il a enduré l'opposition, les ricanements, le refus, le rejet jusqu'au jour de son procès et de sa condamnation à mort. La joie annoncée et donnée à Noël ne peut se comprendre sans la joie du jour de Pâques : joie qui signe le triomphe définitif de la lumière sur les ténèbres.

La conclusion qui s'impose c'est que la joie chrétienne n'est pas une joie facile, une joie au rabais. Pourquoi si peu d'hommes même parmi les chrétiens font-ils l'expérience de cette joie ? Parce que la plupart n'ont pas compris le secret de la vraie joie révélé par Jésus.

Alors se pose pour moi une question inévitable : que faire pour accueillir le don de la joie et en vivre ? Tout d'abord accepter et comprendre que ma vie humaine et chrétienne est un combat, une lutte. Comme toute vie authentiquement humaine ma vie a un aspect dramatique. Ma vie n'est pas un long fleuve tranquille. Ensuite me dire que dans ce combat je dispose d'une arme reçue de Dieu : ma liberté. Dieu me donne en Jésus-Christ et par l'Esprit-Saint le don de la joie qui seul peut combler mon cœur. Encore faut-il que librement je désire ce don. Encore faut-il que librement je fasse tout ce qui est en mon pouvoir pour accueillir la joie, la vivre, en témoigner, la répandre. Je sais que ce don, comme tout ce qui est beau et grand, est fragile. Il est fragile comme l'enfant de Noël. Hérode ne voulait-il pas le tuer ? Des Hérodes qui veulent étouffer en moi le don de la joie spirituelle il y en a beaucoup dans notre monde : à commencer par mes propres péchés. Alors librement je dois tout faire pour protéger en moi le don reçu de Dieu, pour ne pas le perdre ou le gaspiller. Dieu a bien fait connaître à Joseph le danger qui menaçait l'enfant…

Mais si Joseph n'avait pas mis sa liberté au service de la protection de Jésus, il serait certainement mort ! Librement il a accepté de fuir en Egypte. Enfin me dire que cet inévitable passage par la souffrance et par la mort je ne le vis pas tout seul. Je le vis librement mais toujours en communion avec Jésus, le Fils unique « plein de grâce et de vérité ». Sur ce chemin exigeant qui mène à la joie, la joie en plénitude, la joie éternelle, je coopère librement avec la grâce de Dieu. Noël est une grande fête parce que cet enfant dans la mangeoire est le signe d'un passage, d'un renouveau offert à toute l'humanité. « *D'un bout à l'autre de la terre les nations verront le salut de notre Dieu* », pouvons-nous lire en Isaïe. Saint Jean nous dit en quoi la nuit de la

Nativité est un point de départ : « *Après la Loi communiquée par Moïse, la grâce et la vérité sont venues par Jésus-Christ* ». Si la joie de Noël est exigeante, n'oublions pas qu'il s'agit d'abord d'une Bonne Nouvelle. Nous-mêmes comme nos contemporains nous avons besoin de contempler cet enfant comme celui qui nous ouvre l'accès à un royaume de grâce et de vérité. Etre chrétien ce n'est pas obéir à une loi ou suivre des listes de commandements. Ce n'est pas là l'essentiel. Etre chrétien c'est accueillir avec reconnaissance la grâce de Dieu, c'est-à-dire son amour, sa tendresse, sa miséricorde. Etre chrétien c'est recevoir de Jésus-Christ la vérité ultime sur Dieu, sur nous-mêmes, sur le monde. Quelle belle aventure que l'aventure de la foi ! Illuminés par la grâce de Noël faisons de notre existence une histoire d'amour avec Dieu : histoire marquée par notre fidélité comme par notre infidélité… histoire surtout marquée par la fidélité du Seigneur.

3. Noël 2002

En cette solennité de Noël Dieu notre Père nous comble de toute la richesse de ses grâces. Ou pour le dire autrement la surabondance de l'amour de Dieu à notre égard nous est manifestée en cette fête de Noël. Célébrer le mystère de Noël c'est se souvenir d'une vérité toute simple : Dieu notre Père en nous donnant son Fils nous fait le plus beau cadeau que nous puissions imaginer. Et il en est de ce cadeau divin un peu comme de nos cadeaux humains, ceux que nous avons l'habitude de nous faire les uns aux autres en cette fête. La tradition veut qu'ils soient recouverts d'un joli papier : c'est pour l'effet de surprise, c'est aussi pour nous laisser le temps de les recevoir. De même lorsque Dieu nous donne son Fils il ne nous le donne pas de manière éclatante, évidente, triomphante. Noël c'est tout le contraire. C'est la Parole éternelle de Dieu qui entre dans notre histoire humblement, pauvrement, discrètement.

Alors pour comprendre qui est l'enfant Jésus nous avons en quelque sorte à enlever le papier cadeau qui l'enveloppe dans le mystère de l'incarnation. Et pour enlever ce papier nous avons besoin d'une longue contemplation de l'enfant Jésus dans la crèche. Les ciseaux ne servent ici à rien. Seuls la foi et l'amour nous font pénétrer dans l'intimité de ce cadeau qu'est pour nous l'enfant Jésus. Alors si nous faisons cela nous irons de découvertes en découvertes, de surprises en surprises. Nous comprendrons avec les bergers le signe qui nous est donné : l'humilité de l'enfant nous fera percevoir sa véritable grandeur, sa grandeur incomparable. Derrière le voile de sa pauvreté nous devinerons la richesse infinie de ce qu'il est et de ce qu'il nous apporte. A travers les vagissements et les cris du bébé, ô merveille, nous entendrons la Parole éternelle de Dieu, le Verbe fait chair. En le voyant dépendant en toutes choses de Marie et de Joseph, en le voyant si fragile et si vulnérable, nous nous dirons c'est le Seigneur des seigneurs, le Fils du Dieu très haut, celui par qui tout s'est fait. Le langage de Dieu à Noël est vraiment surprenant. Il devrait provoquer en nous la surprise et l'émerveillement. Nous avons à nous déshabituer de Noël pour en saisir chaque année l'extraordinaire nouveauté. Rien de tout cela n'est normal, encore moins habituel ou ordinaire. Quel homme aurait été assez fou pour penser un seul instant à la possibilité de l'incarnation ? Car répétons-le autant de fois que cela est nécessaire : dans cet enfant, dans le bébé Jésus c'est Dieu lui-même, vous entendez bien, Dieu lui-même qui nous est offert en cadeau, qui s'offre librement en cadeau à notre humanité. C'est tellement fou, tellement inimaginable que les Juifs et les musulmans ne peuvent l'accepter !

Les textes bibliques nous disent à l'envie le contenu de ce grand cadeau de Dieu. Je ne retiendrai qu'un aspect. Parmi tous les grands biens que nous apporte l'enfant de la crèche il en est un de particulièrement précieux : je veux parler de la paix. Cet enfant est le prince de la paix selon la prophétie d'Isaïe. « Gloire à Dieu au plus haut des cieux, et paix sur la terre aux hommes qu'il aime ». C'est le chant de louange des anges dans le ciel de Bethléem. Chant merveilleux repris par la liturgie chrétienne dans le Gloria. Nous avons tous besoin de connaître la paix. Pas seulement l'absence de guerres entre les peuples. Mais aussi la paix dans nos villages, nos paroisses, nos familles. Et je dirais surtout et en premier lieu la paix intérieure, la paix en nous-mêmes, la paix du cœur. La paix est la marque caractéristique du chrétien avec la joie. Souvenons-nous de Béatitudes : « *Heureux ceux qui sèment la paix, ils seront appelés enfants de Dieu* ». Mais attention ! Dieu ne nous force pas à recevoir ce cadeau de la paix ! Nous avons à le recevoir librement. Si l'enfant Jésus est né dans une crèche, c'est bien parce que Dieu n'a pas forcé les habitants de Bethléem à l'accueillir chez eux. Ils étaient libres d'accueillir Joseph et Marie ou de faire le contraire, ce qui s'est finalement passé.

Pour terminer quelques moyens simples pour accueillir dans notre existence le prince de la paix, pour vivre de la paix de Dieu.

Tout d'abord il y a la prière. C'est vraiment essentiel. C'est dans cette relation vivante avec Dieu que nous pourrons recevoir le cadeau de la paix et le transmettre à notre entourage.

Ensuite il y a l'humilité. Refusons de jouer les caïds, de faire les malins avec Dieu et avec nos frères. Demandons à Dieu de purifier nos cœurs de l'orgueil et de l'autosuffisance. Retrouvons notre vérité profonde de créatures qui ont besoin de Dieu pour vivre et être sauvées du péché, du mal et de la mort.

Enfin il y a notre capacité à dire merci à Dieu et à notre prochain pour tout ce que nous sommes, tout ce que nous vivons. Alors oui, notre Noël sera joyeux ! Pas de la joie superficielle et passagère que l'on peut acheter avec de l'argent. Mais de la joie intérieure et spirituelle que l'on peut recevoir gratuitement de Dieu à tout moment.

4. Noël 2003

(Messe de la nuit)

Un peuple, des soldats, le roi David, un gouverneur, un empereur, des bergers, des anges, Joseph, Marie et un enfant ! Tels sont les personnages du mystère de Noël, nous les trouvons dans les lectures que nous venons d'entendre à l'instant.

Pour nous chrétiens l'événement de Noël est sans aucun doute le plus important de toute l'histoire humaine. Avec la résurrection du Christ cet événement est le centre de l'histoire de notre humanité.

Avez-vous remarqué l'importance du roi David cité à plusieurs reprises dans les lectures ? Or David a vécu environ 1000 ans avant l'événement que nous célébrons en cette nuit. C'est que la naissance de l'enfant Dieu a été préparée à travers l'histoire de tout un peuple, le peuple d'Israël. Et Dieu par l'intermédiaire du prophète Nathan avait fait à David une promesse merveilleuse : « *Moi je vais te construire une maison... Ton descendant me construira une maison, et moi, j'affermirai son trône royal pour toujours. Je serai pour lui un père et il sera pour moi un fils* ». Oui, l'enfant de la crèche est bien fils de David par son père et Fils de Dieu par l'action de l'Esprit Saint en Marie. Avec cet enfant Dieu accomplit toutes ses promesses. Avec cet enfant Il entre dans le temps, dans l'histoire humaine.

Avez-vous remarqué les contrastes qui sont dans le récit de saint Luc ? De l'empereur aux bergers en passant par un nouveau-né et la présence des anges. En quelque sorte c'est toute la création qui est représentée : des plus humbles aux autorités les plus puissantes sans oublier les créatures célestes. Pourquoi donc ? Parce que cet enfant vient faire une création nouvelle. Parce que cet enfant est donné par Dieu à tous les hommes sans exception. Cet enfant est le Sauveur de tous les hommes !

Noël est sans aucun doute la fête la plus populaire chez les français. Même parmi les chrétiens non-pratiquants ou les non-chrétiens. Noël est devenu une institution. Avec le risque suivant : la banalisation. Beaucoup ont une image de Noël un peu édulcorée : on fête un joli bambin entouré d'animaux. On oublie la plupart du temps l'aspect dramatique de cette fête. La première lecture parle d'un peuple qui marche dans les ténèbres, d'un peuple qui habite les pays de l'ombre. C'est qu'à Noël Dieu ne vient pas sur terre pour faire une petite promenade, une petite visite de courtoisie. Dieu n'est pas touriste. Il vient nous donner sa lumière parce que nous en avons bien besoin, parce que nous avons besoin d'être sauvés. Parce que sans cette lumière nous édifions une culture de mort. Si l'événement de Noël est le centre de l'histoire humaine c'est aussi parce que c'est un événement vital. Il s'agit ici d'une question de vie ou de mort. Le peuple qui marche dans les ténèbres c'est le peuple qui marche sans connaître et sans reconnaître l'amour de Dieu Père et Créateur. C'est un peuple qui marche vers sa propre mort. Alors nous comprenons le message de l'ange aux bergers : « *Je viens vous annoncer une bonne nouvelle, une grande joie pour tout le peuple : aujourd'hui vous est né un Sauveur, dans la ville de David. Il est le Messie, le Seigneur* ».

Noël est aussi une fête populaire parce que c'est la fête des enfants, des familles qui se rassemblent à cette occasion. La famille est aujourd'hui une réalité bien fragile dans notre société française. Nous aspirons tous au bonheur et à la paix dont nous parle cette fête de Noël. Et nous attendons de nos familles qu'elles soient des lieux de bonheur et de paix. Seulement voilà notre réalité quotidienne déçoit bien souvent cette aspiration profonde qui est en nous. Il arrive que dans nos familles ce soit les conflits, l'agressivité, l'égoïsme ou encore l'indifférence qui l'emportent. Il arrive que les relations entre mari et femme, entre parents et enfants soient très éloignées de la paix chrétienne et de la joie qui en découle. Nous n'avons pas à nous résigner face à de telles situations. Nous avons plutôt à accueillir la grâce de Noël qui est une grâce de réconciliation, de paix et de joie.

Si nous étions vraiment chrétiens, profondément chrétiens, alors nous pourrions ensemble surmonter les difficultés et grandir en sainteté. Il est facile de faire une place à la crèche pendant les fêtes de Noël dans nos familles... Il est beaucoup plus difficile d'accueillir chaque jour de l'année l'amour de Dieu dans nos familles ! C'est peut-être plus difficile mais ô combien plus enthousiasmant et enrichissant pour nos vies et notre avenir.

5. Noël 2003

(Messe du jour)

Adam et Eve, le péché originel... Ces noms n'évoquent peut-être pas grand-chose dans votre esprit en cette fête de Noël... Tout au plus quelques souvenirs du catéchisme de votre enfance et la fameuse histoire de la pomme... cette pomme absente du texte biblique lui-même ! Probablement vous vous dites que c'est une drôle de façon de commencer une prédication de Noël et que votre pauvre curé est un peu hors-sujet !

Regardons tout simplement ce que le symbole de Nicée, notre Credo, nous dit du mystère que nous célébrons en cette fête : « *Pour nous les hommes et pour notre salut, le Fils unique de Dieu descendit du ciel ; par l'Esprit Saint, il a pris chair de la Vierge Marie et s'est fait homme* ». L'incarnation du Fils de Dieu a donc comme motivation essentielle notre salut. Et si nous avons besoin d'être sauvés c'est bien parce que nous sommes pécheurs. Bref on ne peut pas comprendre le mystère de Noël sans se référer à notre humanité blessée par le péché et en particulier par le péché originel, celui d'Adam et d'Eve.

Je vous propose donc dans un premier temps de revenir au chapitre troisième de la Genèse, au récit de la chute originelle. Le tentateur y prend la forme d'un serpent. Ce serpent était l'image de Satan. Ecoutons de quelle manière le serpent tente Eve : « *Non, ce ne sera pas la mort à coup sûr ! Mais Dieu sait que le jour où vous en mangerez, vos yeux s'ouvriront et vous serez alors comme des dieux, vous connaîtrez le bien et le mal !* » Satan inverse l'enseignement de Dieu. Le Créateur avait mis en garde le couple original : Si vous mangez du fruit de l'arbre de la connaissance du bien et du mal vous connaîtrez la mort. En mangeant de ce fruit Adam et Eve commettent un double péché : tout d'abord ils croient davantage en la parole de Satan qu'en la Parole de Dieu. Et de ce fait ils cessent de mettre leur confiance en Dieu.

Ensuite ils commettent le péché d'orgueil qui fait partie des sept péchés capitaux. Qu'est-ce qui, dans le discours du serpent, a attiré Eve ? Si vous en mangez, vous serez comme des dieux ! Dans le péché originel la créature veut se hisser par elle-même au rang de Dieu, elle veut égaler le Créateur. La créature se veut totalement indépendante, autonome, émancipée par rapport à Dieu qui est à l'origine de son être et de son existence. Il n'y a pas besoin de faire de grandes études pour constater à quel point ce péché est actuel dans notre monde contemporain occidental. Et dans notre France qui, au nom d'une laïcité mal comprise, veut reléguer Dieu et la foi dans la sphère strictement privée. Et dans notre Europe qui refuse de mentionner dans sa Constitution tout ce qu'elle doit à l'Evangile du Christ... « Du passé faisons table rase ! »

Dans le mystère de Noël Dieu se fait l'un de nous en son Fils pour nous guérir des blessures du péché et nous offrir une vie nouvelle. L'incarnation est véritablement une inversion de ce qui s'est passé lors du péché originel. C'est par l'humilité de Dieu que nous sommes sauvés de l'orgueil qui mène à la mort. Noël c'est le grand abaissement de Dieu qui épouse notre humanité pour la rendre toute belle et toute sainte. Et cet abaissement de Dieu connaîtra son expression la plus forte et la plus dramatique sur le bois de la croix. Saint Paul écrit dans sa lettre aux Romains : « *De même que la désobéissance d'un seul homme, Adam, a enfoncé dans le péché toute une multitude, de même aussi par l'obéissance d'un seul, Jésus-Christ, toute une multitude accède à la vraie droiture* ». Si Eve a manqué de foi en la Parole de Dieu, Marie, la mère du Sauveur, a été la femme de foi par excellence. C'est pour cela qu'elle est parfois représentée écrasant de son pied la tête du serpent.

L'une des grâces de Noël c'est donc la vertu d'humilité à l'école de l'enfant Jésus, de Marie et de Joseph. L'orgueilleux est incapable de goûter la joie et la paix spirituelles. Nous avons à redécouvrir, surtout nous les occidentaux, la joie d'être créatures de Dieu. L'humilité c'est la vérité sur nous-mêmes et sur notre condition. Nous ne sommes pas à l'origine de notre être et de notre existence. Nous avons enfin à redécouvrir la grâce de notre baptême qui fait de nous des fils de Dieu. Eve a pris le fruit pour se faire l'égale de Dieu. Marie par sa foi et son humilité a donné naissance au Sauveur. Comme Marie recevons tout de Dieu dans la confiance et disons-Lui merci pour ses dons.

6. Noël 2004

En cette fête de Noël la tradition veut que nous nous offrions des cadeaux les uns aux autres. Les enfants sont habituellement les premiers bénéficiaires de cette coutume. Certains y voient une sécularisation de la fête chrétienne ou en tout cas un grave détournement de son sens premier et authentique... On peut aussi se dire que cette coutume n'est pas si étrangère que cela au mystère que nous célébrons dans la foi. Pensons seulement aux mages qui viennent offrir à l'enfant de la crèche leurs présents... Je partirai donc de cette tradition. Elle peut nous aider à aborder le mystère de l'incarnation d'une manière à la fois simple et profonde. Lorsque nous offrons un cadeau de Noël à quelqu'un nous le revêtons habituellement d'un papier cadeau. En quelque sorte nous le cachons au moment où nous l'offrons pour créer un effet de surprise. Nous avons tous connu le plaisir d'enlever le papier et de découvrir le présent qui nous était destiné. Eh bien, cette métaphore du cadeau caché puis dévoilé nous en dit long sur le mystère de l'incarnation !

A Noël Dieu le Père fait à notre humanité le plus beau des cadeaux : Il nous donne son Fils unique, Il se rend visible dans ce *« nouveau-né emmailloté et couché dans une mangeoire ». « Dieu, personne ne l'a jamais vu ; le Fils unique, qui est dans le sein du Père, c'est lui qui a conduit à le connaître »*. A Noël ce cadeau de Dieu prend la forme d'une extraordinaire surprise. Certes les prophètes avaient préparé le peuple d'Israël à l'avènement du Messie. Mais ils ne pouvaient imaginer que cet avènement se réaliserait par l'incarnation du Verbe : la manifestation de la Parole éternelle de Dieu dans une personne humaine ! C'est donc un événement absolument fou, inouï, inattendu que celui de la Nativité du Seigneur. C'est la grande surprise que Dieu veut faire à notre humanité ! Une surprise qui ne se comprend bien qu'en considérant l'amour infini du Père à notre égard : une surprise amoureuse dans le sens le plus noble du terme ! Quelques passages de l'Ecriture nous indiquent que les manières de Dieu à notre égard sont toujours plus ou moins surprenantes, inattendues... Tout d'abord Isaïe : *« Mes pensées ne sont pas vos pensées, et vos chemins ne sont pas mes chemins – parole du Seigneur. Autant le ciel est élevé au-dessus de la terre, autant mes chemins sont élevés au-dessus des vôtres, et mes pensées au-dessus de vos pensées ».*[1] S'adressant aux Corinthiens, l'apôtre Paul va dans le même sens : *« Nous enseignons le mystère de la sagesse divine, c'est-à-dire le plan secret que Dieu a formé dès le commencement pour nous mener jusqu'à la gloire. Cette sagesse, aucun des grands de ce monde ne l'a connue. Rappelez-vous qu'il est écrit : 'Des choses que l'œil n'a pas vues, que pas une oreille n'a entendues, qui ne sont venues à l'esprit de personne ; les choses que Dieu a préparées pour ceux qui l'aiment'. Mais à nous, Dieu nous l'a révélé par l'Esprit, car l'Esprit explore tout, jusqu'aux profondeurs de Dieu ».*[2]

Si le mystère de Noël est bien cette grande surprise issue de l'amour du Père, expression de sa divine sagesse, alors ce mystère ne peut être que dramatique. Nous avons bien souvent une vision édulcorée, voire mièvre, du mystère de la Nativité ! Probablement parce que d'années en années nous nous y sommes habitués dans le mauvais sens du terme. Noël n'est peut-être plus pour nous ce grand cadeau de Dieu, cette divine surprise… Nous avons plus ou moins banalisé Noël ! Vous allez me dire que Noël c'est avant tout une fête joyeuse et qu'affirmer l'aspect dramatique de ce mystère relève d'une exagération de ma part ! Personne ne peut nier la tonalité joyeuse du mystère que nous célébrons. Car il s'agit bien ici d'une Bonne Nouvelle : celle d'un Dieu qui vient prendre notre humanité pour la sauver de l'intérieur et la glorifier ! Cependant un cantique populaire de Noël souligne bien l'unité du mystère du Christ, unité fragmentée par notre année liturgique : *« De la crèche au crucifiement, Dieu nous livre un profond mystère, de la crèche au crucifiement, Il nous aime inlassablement ».*[3] Noël est donc à la fois une fête joyeuse et dramatique.

---

[1] 55, 8.9

[2] 1 Corinthiens 2, 7-10

[3] « Il est né, le divin enfant ».

Joyeuse parce qu'elle célèbre le plus grand et le plus beau des dons de Dieu : la naissance de son Fils bien-aimé. Dramatique parce qu'elle révèle notre capacité à ignorer ou à refuser ce cadeau de Dieu. Face au don de Dieu nous demeurons libres de l'accueillir ou de le rejeter. A part Joseph et Marie, qui donc a accueilli la naissance de Jésus comme une Bonne Nouvelle ? Très peu de monde finalement : quelques bergers juifs de la campagne de Bethléem et des mages venus d'Orient. *« Il est venu chez les siens, et les siens ne l'ont pas reçu »*. St. Matthieu nous rapporte que le roi Hérode et tout Jérusalem avec lui « eut un choc » en apprenant la naissance du Messie. Quant aux chefs des prêtres et aux docteurs de la Loi, ils savent très bien où doit naître le Messie, mais ils ne se déplacent pas pour l'adorer, ils restent à Jérusalem.

Finalement c'est dans l'indifférence générale que l'humanité accueille le cadeau de Dieu. Une indifférence qui se transformera rapidement en hostilité comme le montre le massacre des saints innocents ordonné par Hérode. Lorsque, plus tard, Joseph et Marie présenteront l'enfant Jésus au temple, Siméon décrira le caractère dramatique de sa mission : *«Regarde, cet enfant apportera aux masses d'Israël, soit la chute, soit la résurrection : il sera un signe de division, et toi-même une épée te transpercera l'âme ».*[4] Le bébé que nous adorons dans la crèche est l'Emmanuel : à la fois Prince de la Paix et signe de division. Pour enlever « le papier » qui recouvre le merveilleux don de Dieu, nous avons à imiter l'attitude de Joseph et Marie : nos meilleurs ciseaux sont l'humilité, la gratitude, la foi et l'amour. Encore faut-il nous laisser guider par l'Esprit de Dieu dans cette découverte émerveillée de la grande surprise de Dieu !

---

4 .35

7. Noël 2005

Avec Pâques Noël est l'une des plus grandes fêtes chrétiennes de l'année liturgique. Oui, c'est vraiment une grande fête que celle de la Nativité de notre Seigneur, une solennité comme nous le disons dans le langage liturgique. Grande dans le sens d'importante. Pour bien saisir l'importance de cet évènement unique dans toute l'histoire humaine il faut nous redire (en cette nuit / en ce jour) qui est ce nouveau-né que nous contemplons dans la crèche avec Marie et Joseph.

Le commencement de l'Evangile selon saint Jean nous permet de situer le mystère de Noël dans le mystère même de Dieu Trinité :
« Au commencement était le Verbe, la Parole de Dieu, et le Verbe était auprès de Dieu, et le Verbe était Dieu. Il était au commencement auprès de Dieu. Par lui, tout s'est fait, et rien de ce qui s'est fait ne s'est fait sans lui. [...] Et le Verbe s'est fait chair et il a campé parmi nous ».

Ce nouveau-né c'est donc la Parole éternelle de Dieu, le Fils unique du Père, Dieu lui-même qui vient habiter parmi nous. Le verbe grec dit : Il a planté sa tente au milieu de nous, il a campé parmi nous ! Célébrer la Nativité, c'est célébrer ce qu'a fait « l'amour invincible du Seigneur de l'univers ». L'amour de Dieu pour nous est en effet invincible. Même notre péché, même nos infidélités nombreuses, nos indifférences, nos tiédeurs sont incapables de venir à bout de l'amour de notre Dieu : *« Le Verbe était dans le monde, lui par qui le monde s'était fait, mais le monde ne l'a pas reconnu. Il est venu chez les siens, et les siens ne l'ont pas reçu ».* Malgré tout Dieu reste fidèle. Sur le visage de ce bébé nous pouvons contempler la fidélité de notre Dieu. Ce visage est celui du Créateur qui vient sauver *de l'intérieur* sa création malade. Dans la nuit de Bethléem la Parole éternelle de Dieu s'anéantit dans les balbutiements d'un nouveau-né. En prenant notre condition humaine, la Parole de Dieu devra apprendre comme le font tous les enfants une langue humaine pour pouvoir enfin s'exprimer.

Noël, nous le comprenons bien est avec Pâques l'un des sommets de l'histoire humaine. Un sommet de ce compagnonnage souvent tragique entre Dieu et son peuple. Ce n'est pas par hasard que nous divisons l'histoire en deux périodes : avant Jésus-Christ et après Jésus-Christ. Noël, c'est le commencement d'une nouvelle création, d'une recréation. Noël, c'est le passage de la Loi à la grâce et à la vérité qui sont en Jésus. Le commencement de la lettre aux Hébreux évoque d'une manière très belle ce sommet qu'est l'Incarnation du Fils de Dieu :

« Souvent, dans le passé, Dieu a parlé à nos pères par les prophètes sous des formes fragmentaires et variées ; mais, dans les derniers temps, dans ces jours où nous sommes, il nous a parlé par ce Fils qu'il a établi héritier de toutes choses et par qui il a créé les mondes ».

Dans la plupart des religions et des spiritualités, c'est l'homme qui se met à la recherche de Dieu. Noël nous enseigne que dans le christianisme c'est le mouvement inverse qui est vrai. C'est Dieu lui-même qui vient *de l'intérieur même de notre humanité* à la recherche de ses créatures perdues et malades. Si la Parole de Dieu vient naître parmi nous, c'est pour nous permettre de renaître, de connaître une nouvelle naissance spirituelle, c'est cela le salut chrétien :

« Tous ceux qui l'ont reçu, ceux qui croient en son nom, il leur a donné de pouvoir devenir enfants de Dieu. Ils ne sont pas nés de la chair et du sang, ni d'une volonté charnelle, ni d'une volonté d'homme : ils sont nés de Dieu ».

Bref le Fils unique de Dieu se fait homme pour que l'homme devienne un fils adoptif, un fils bien-aimé du Père. Comment ne pas faire monter vers le Père notre gratitude en cette solennité de la Nativité ? Nous avons reçu une double grâce : celle de naître dans l'ère chrétienne, le temps du salut, et celle d'être baptisés.

Nous ne pouvons fêter véritablement Noël si nous n'avons pas conscience de notre misère, de notre besoin d'un Sauveur. Dans ses *Pensées*, Pascal nous montre la « misère de l'homme sans Dieu » :

« Tous les hommes recherchent d'être heureux. [...] Et cependant depuis un si grand nombre d'années jamais personne, sans la foi, n'est arrivé à ce point où tous visent continuellement. Tous se plaignent, princes, sujets, nobles, roturiers, vieux, jeunes, forts, faibles, savants, ignorants, sains, malades de tous pays, de tous les temps, de tous âges, et de toutes conditions. Une épreuve si longue, si continuelle et si uniforme devrait bien nous convaincre de notre impuissance d'arriver au bien par nos efforts ».

Noël est une fête joyeuse uniquement si nous accueillons par la foi le Sauveur. Les fêtes de Noël ont souvent chez nous *l'apparence de la joie*. On sent bien au fond que c'est un verni superficiel. Et que finalement tout est affaire de commerce et de gros sous. Alors les visages sont tristes. Ce dont nous avons le plus besoin ce ne sont pas des cadeaux ou des repas somptueux. Non, notre bonheur n'est pas là ! Ce dont nous avons le plus besoin c'est de nous laisser désarmer par un Dieu qui se fait nouveau-né. Déposons aux pieds de l'enfant Jésus notre orgueil, notre autosuffisance. C'est l'orgueil qui fortifie en nous le vieil homme voué au désespoir et à la mort. Humblement entrons dans la confiance. Alors oui nous connaîtrons avec Marie, Joseph et les bergers la vraie joie de Noël. Alors notre cœur sera inondé par cette paix promise aux fils bien-aimés du Père !

8. Noël 2006

Si l'on organisait un sondage pendant le temps de Noël, j'aimerais poser aux chrétiens de notre pays la question suivante : *Quelle image vous vient spontanément à l'esprit quand on vous parle de Noël ?* Probablement la majorité des réponses donnerait : la crèche. D'autres pourraient répondre, bien que chrétiens, la fête familiale, les cadeaux ou le père Noël... Oui, spontanément nous associons la fête de Noël au récit de la Nativité tel que nous l'avons entendu en saint Luc lors de la messe de la nuit. Car pour une majorité de chrétiens, et c'est encore plus vrai en Provence, la messe de Noël, la « vraie », c'est celle de la nuit, et si elle est à minuit c'est encore mieux !

Nous célébrons la messe du saint jour de Noël, et l'évangéliste Luc passe le relais à son confrère théologien Jean. Nous passons de la crèche de Luc au prologue de Jean, de l'enfant Jésus emmailloté et couché dans une mangeoire au Verbe éternel de Dieu qui se fait chair. C'est bien sûr la même réalité, le même mystère que nous contemplons. Mais la tonalité de la messe du jour est bien différente de celle de la nuit. Avec Jean nous ne sommes plus dans un récit de la naissance du Sauveur mais dans une contemplation théologique du mystère de l'incarnation. Le prologue de Jean est l'un des plus beaux textes de toute la Bible, un texte d'une extraordinaire richesse théologique et spirituelle. Loin de moi l'idée de me lancer en ce saint jour dans un commentaire du prologue. Il me semble cependant que le prologue de Jean nous pose une question essentielle : Pourquoi Noël ? Pourquoi cet extraordinaire et imprévisible mystère de l'incarnation ? La liturgie de la Parole nous offre quelques éléments de réponse. Je vais tenter de les mettre en lumière pour vous aujourd'hui.

Pourquoi Noël ? Tout d'abord parce qu'en cette sainte nuit la plénitude des temps est advenue : *« dans les derniers temps, dans ces jours où nous sommes. »* Le mystère de Noël trace une frontière dans l'histoire de notre humanité. Désormais il y aura un avant le Christ et un après le Christ. Une naissance, c'est toujours un signe de nouveauté, d'espérance. Mais lorsque c'est le Verbe de Dieu qui se fait chair, il n'y a plus de doute à avoir sur la portée de sa naissance : avec Noël nous entrons dans une ère nouvelle de l'Alliance entre Dieu et les hommes.

Pourquoi Noël ? Pour que Dieu puisse se révéler en plénitude à notre humanité : « *Il nous a parlé par ce Fils qu'il a établi héritier de toutes choses et par qui il a créé les mondes.* » Le prologue de Jean affirme la même vérité : « *Dieu, personne ne l'a jamais vu ; le Fils unique qui est dans le sein du Père, c'est lui qui a conduit à le connaître.* » Comme toutes les œuvres de Dieu, Noël n'a pas d'autre explication que l'amour. Le Père, dans son amour, s'abaisse en son Fils, pour se mettre en quelque sorte à notre niveau. Ceux qui voyaient en Dieu un monarque absolu regardant de haut ses créatures devront réviser leur théologie. En son Verbe fait chair Dieu nous regarde face-à-face et se rend visible à nos yeux de chair, si nous acceptons de croire en lui et de lui faire confiance.

Pourquoi Noël ? Pour que nous devenions des fils et des filles de Dieu, pour que nous puissions adorer le Père en esprit et en vérité, pour que nous puissions nous adresser à Lui en disant : « Notre Père ». *Si le Fils de Dieu s'est fait homme, c'est bien pour que nous, les hommes, nous puissions devenir fils de Dieu.* C'est l'admirable échange du mystère de l'incarnation. Le prologue de Jean nous fait comprendre que la naissance de Jésus en appelle une autre, tout simplement parce qu'il est le Premier-né :
« *Tous ceux qui l'ont reçu, ceux qui croient en son Nom, il leur a donné de pouvoir devenir enfants de Dieu. Ils ne sont pas nés de la chair et du sang, ni d'une volonté charnelle, ni d'une volonté d'homme : ils sont nés de Dieu.* »

Fêter la naissance de Jésus Sauveur, c'est donc fêter dans le même mouvement notre naissance à la vie de fils de Dieu. Oui, nous sommes véritablement nés de Dieu par le sacrement de baptême et par notre foi en Jésus. Notre baptême est une seconde naissance, une nouvelle naissance : une renaissance. Par notre baptême nous entrons dans cette nouvelle ère de l'histoire de notre humanité : une ère de grâce et de vérité. Nous associons habituellement le baptême au mystère de Pâques et nous avons raison. Mais dans le Christ tous les mystères sont unifiés et se renvoient les uns aux autres : Pâques est la plénitude du mystère de l'incarnation. Notre baptême, sacrement pascal comme tous les autres sacrements, prend davantage de sens si nous le considérons aussi dans la perspective du mystère de Noël. Car dans la nuit de la Nativité, Dieu ne nous donne pas seulement un Sauveur, Il nous donne son Fils unique et nous révèle par là le mystère de sa vie trinitaire. Et c'est bien par notre baptême que nous entrons à notre tour dans la vie trinitaire et que nous recevons notre filiation adoptive.

Que la contemplation du Verbe fait chair soit pour nous l'occasion de renouveler profondément notre action de grâces ! Oui, merci, ô Père, de nous faire tes fils et tes filles en Jésus ton Fils unique. Merci pour le don du baptême et de la foi catholique. Donne-nous de comprendre que notre plus grande dignité se trouve dans notre condition de chrétiens ! Que peut-il y avoir en effet de plus grand que d'être fils de Dieu ? Que peut-il y avoir de plus beau que de pouvoir t'appeler : Notre Père ? O Père, nous n'aurons pas assez de toute notre vie pour découvrir ton amour et te rendre grâce... C'est pour cela qu'en Jésus tu nous veux auprès de toi pour toujours ! Le mystère de Noël appelle en effet le mystère de Pâques.

9. Noël 2011

Dans la nuit de Noël saint Luc nous invite à nous rendre à la crèche avec les bergers pour y contempler l'enfant-Dieu. La messe du jour de Noël nous fait entendre l'un des plus beaux textes de toute la Bible : le prologue de l'Evangile selon saint Jean. Dans un style solennel et théologique l'évangéliste essaie de nous faire pénétrer dans le mystère de l'incarnation. Il relie la naissance du bébé de Bethléem à toute l'histoire du salut. Ce bébé qui deviendra enfant puis homme c'est le Verbe de Dieu, la Parole du Père. La manière avec laquelle saint Jean écrit le début de son Evangile nous livre un message particulièrement significatif : « Au commencement était le Verbe... ». Son Evangile débute en effet avec les mêmes mots que le premier livre de la Bible, la Genèse : « Au commencement Dieu créa le ciel et la terre ». Ce parallèle nous donne le sens de la naissance de l'enfant Jésus. Il naît pour commencer une création nouvelle, il vient parmi nous pour reprendre toute l'œuvre de la création et ainsi la sauver. D'ailleurs l'évangéliste souligne que Dieu a fait la première création par sa parole. C'est par son Verbe qu'il donne à tous les êtres l'existence : « Par lui, tout s'est fait, et rien de ce qui s'est fait ne s'est fait sans lui... Il était dans le monde, lui par qui le monde s'était fait ». Dans sa lettre aux Romains saint Paul enseignera aux premiers chrétiens cette vérité : Jésus est le nouvel Adam, l'homme nouveau.

De même que tous sont devenus pécheurs parce qu'un seul homme (Adam) a désobéi, de même tous deviendront justes parce qu'un seul homme (Jésus) a obéi. Ainsi donc, de même que le péché a établi son règne de mort, de même la grâce, source de justice, devait établir son règne pour donner la vie éternelle par Jésus Christ notre Seigneur.

La naissance du bébé de Bethléem nous indique la voie de notre salut. Nous aussi nous devons renaître et devenir ainsi des hommes nouveaux dans le Christ. C'est ce que Jésus enseigne à Nicodème dans le même Evangile, deux chapitres plus loin : Amen, amen, je te le dis : personne, à moins de renaître, ne peut voir le règne de

Dieu. Personne, à moins de naître de l'eau et de l'Esprit, ne peut entrer dans le royaume de Dieu. Ce qui est né de la chair n'est que chair ; ce qui est né de l'Esprit est esprit. Et nous retrouvons un enseignement identique dans le prologue : Tous ceux qui l'ont reçu, ceux qui croient en son nom, il leur a donné de pouvoir devenir enfants de Dieu. Ils ne sont pas nés de la chair et du sang, ni d'une volonté charnelle, ni d'une volonté d'homme : ils sont nés de Dieu.

Nous comprenons que notre nativité à nous correspond au jour où nous avons reçu le sacrement du baptême. Ce jour-là nous sommes devenus des créatures nouvelles dans le Christ. Mais la grâce du baptême qui nous est donné à chaque instant de notre vie a besoin de notre participation active pour produire tous ses fruits. Le baptême nous invite à laisser derrière-nous le vieil homme avec ses désirs égoïstes pour devenir un homme nouveau à la suite du nouvel Adam. Maurice Zundel caractérise ainsi la sainte humanité du Verbe de Dieu : « Le Christ, dont l'humanité diaphane échappe à toute limite, nous présente, tout ensemble, l'homme parfaitement libéré et Dieu parfaitement révélé ». Voilà le but du mystère de Noël : que nous devenions vraiment hommes selon le cœur de Dieu en renaissant. Pour y parvenir tout au long de notre vie nous avons à « faire la vérité » pour reprendre une expression de Jésus : « Celui qui agit selon la vérité vient à la lumière, afin que ses œuvres soient reconnues comme des œuvres de Dieu. »

Nous ne possédons pas la vérité, nous nous laissons posséder par elle. Pour un chrétien la vérité c'est la personne même de Jésus. Voilà pourquoi nous ne pouvons pas vivre la grâce de notre baptême, renaître pour devenir des hommes nouveaux, tant que nous n'avons pas fait l'expérience de la présence de Dieu en nous. C'est cette expérience qui a bouleversé saint Augustin et dont il rend compte dans les *Confessions* : « Trop tard je t'ai aimée, Beauté toujours ancienne et toujours nouvelle, trop tard je t'ai aimée. Et pourtant tu étais dedans et moi dehors. Et c'est là que je te cherchais… Tu étais avec moi ! C'est moi qui n'étais pas avec toi. » A Noël nous célébrons l'Emmanuel, Dieu avec nous. Renaître à une vie nouvelle c'est découvrir la présence du Dieu Trinité en nous. Dieu a toujours été présent à sa création. A Noël sa présence se manifeste au plus haut point dans la sainte humanité de l'enfant Jésus. Ce n'est donc pas Dieu qui est absent, c'est nous qui sommes distraits et étourdis. Pour renaître et faire la vérité il s'agit de nous rendre présents chaque jour à la présence de Dieu en nous, particulièrement par la prière et la méditation. Nous vivrons alors la vérité enseignée par le pape saint Grégoire le grand : « Le ciel, c'est l'âme du juste ».

10. Noël 2012

La messe de la nuit de Noël nous fait entendre le récit de saint Luc, un récit qui, en décrivant les circonstances de la naissance de l'enfant Jésus, correspond bien à l'image que nous nous faisons de Noël, en particulier grâce à nos crèches et aux innombrables peintures ayant tenté de représenter cet événement. La messe du jour nous donne à entendre le magnifique prologue de l'évangile selon saint Jean. Ici aucune image n'est capable d'évoquer le message de l'évangéliste. Nous ne sommes plus dans un récit de type historique mais dans une grandiose méditation théologique du mystère de l'incarnation. Jean ne nous parle pas d'un petit bébé dans une crèche mais du Verbe qui s'est fait chair.

C'est un certain Denys le petit qui au 6ème siècle a été chargé par le pape Jean 1er de préciser la date de la naissance du Christ. A cause d'une erreur de calcul faite par Denys les historiens estiment que le Christ est né entre 2 et 7 avant Jésus-Christ ! Mais là n'est pas le plus important bien sûr ! Nous avons la grâce de vivre dans l'ère chrétienne. Comme on le disait autrefois en l'année du Seigneur 2012 ou encore en l'an de grâce 2012. Je voudrais à partir de cette dernière expression et du prologue de l'évangile méditer avec vous un aspect de ce mystère central de notre foi, l'incarnation. Mystère qui rend la religion chrétienne totalement unique par rapport aux deux autres religions monothéistes que sont le Judaïsme et l'Islam. Affirmer de Dieu qu'il a assumé en son Fils unique notre condition humaine, qu'il s'est fait l'un de nous, notre frère en humanité, c'est là en effet le propre de la révélation chrétienne. Dieu n'est plus seulement là-haut dans les cieux, transcendant et tout autre.

Il est d'abord l'Emmanuel, Dieu avec nous, qui a voulu naître parmi nous d'une femme, la Vierge Marie. La lettre aux Hébreux nous rappelle que dans le mystère de l'incarnation Dieu nous parle. Le nom choisi par Jean, le Verbe, pour désigner le Christ nous dit la même chose. Dieu épouse notre humanité en son Fils pour nous parler de grâce et de vérité. Ce Verbe éternel qui entre dans notre histoire est « plein de grâce et de vérité ». Et si la Loi a été donnée aux hommes par Moïse, « la grâce et la vérité sont venues par Jésus-Christ ». D'où la belle expression citée plus haut : l'an de grâce 2012. Si nous regardons dans le Petit Larousse la définition de la grâce au sens courant du terme nous y trouvons : « Faveur que l'on fait sans y être obligé ; bonne disposition ; bienveillance ; charme particulier, beauté ». Le sens chrétien du mot reprend le sens courant en lui donnant une portée surnaturelle dans le cadre de la révélation. La grâce de Dieu en Jésus-Christ est une réalité essentielle dans tout le Nouveau Testament, en particulier chez saint Paul. Le mot y est utilisé 191 fois. Célébrer Noël c'est donc se rappeler que, librement et par amour, Dieu a voulu aller le plus loin possible dans la révélation de son mystère. Il a voulu nous sauver du dedans, à partir même de notre condition humaine. L'incarnation du Verbe donne à notre vie une valeur extraordinaire.

Car tout ce que nous vivons, le Fils de Dieu a voulu le vivre à l'exception du péché. C'est par le Verbe que Dieu a créé notre humanité, c'est par le Verbe incarné qu'il vient lui donner un nouveau commencement à Noël. Si bien que le Concile Vatican II a pu affirmer : « Quiconque suit le Christ, homme parfait, devient lui-même plus homme ». L'ère chrétienne, l'ère de la grâce, est le temps béni de notre humanisation et de notre divinisation. Car c'est dans la mesure où l'homme est uni toujours plus étroitement à Dieu par le Christ qu'il devient davantage homme. Cette ère est aussi celle de la vérité. Cette vérité du Christ qui est une lumière pour guider notre existence de chaque jour. Cette vérité qui n'est pas d'abord une théorie de plus mais une voie dans laquelle nous devons marcher. « Celui qui pratique la vérité vient à la lumière » dit le Seigneur à Nicodème. Et aux Juifs il affirme que la vérité rend libre. L'amour divin manifesté dans la pauvreté et l'humilité de Noël nous offre cette grâce de libération. Ce bébé qui est la Parole de Dieu nous enseigne déjà comment vivre en hommes libres, en chrétiens. Si nous accueillons vraiment la grâce de Noël nous comprendrons qu'au plus nous aimons en vérité au plus nous serons libres. Et c'est encore au Concile que je laisserai le soin de conclure :

« La loi fondamentale de la perfection humaine, et donc de la transformation du monde, est le commandement nouveau de l'amour ».

1. Pâques 1996

Les textes de la liturgie de la Parole, que l'Eglise offre à notre méditation en cette solennité de Pâques, nous présentent les diverses facettes de l'unique mystère pascal. Le récit évangélique nous fait revivre l'expérience absolument fondatrice et originale des premiers témoins : les saintes femmes et les apôtres. Le récit des Actes des apôtres nous montre comment ces mêmes témoins ont transmis aux autres, particulièrement aux païens, la Bonne Nouvelle de la résurrection de Jésus-Christ. Enfin le texte de saint Paul aux Colossiens nous indique de quelle manière, aujourd'hui, la résurrection du Seigneur est présente et agissante dans nos vies de baptisés. Si nous lisons et écoutons ces trois textes ensemble nous comprenons immédiatement que la résurrection du Seigneur Jésus n'est pas seulement un fait historique du passé mais un fait unique de notre histoire humaine qui transforme notre présent et qui nous donne l'audace et le courage nécessaires pour vivre la mission de l'Eglise, c'est-à-dire annoncer à temps et à contre temps la Bonne Nouvelle de Pâques. J'aimerais donc méditer avec vous et pour vous chacun de ces textes en essayant d'en saisir l'essentiel pour notre vie chrétienne, aujourd'hui.

Il me semble bon de commencer par l'évangile puisqu'à travers cette parole nous nous trouvons véritablement aux sources vives de notre foi chrétienne. Tout commence avec le pèlerinage matinal de Marie Madeleine au tombeau. C'est elle qui, la première, constate une anomalie en parvenant sur les lieux : la lourde pierre circulaire qui fermait l'entrée du tombeau a été enlevée : le tombeau est bel et bien ouvert. La réaction de Marie est étonnante : au lieu d'entrer dans le tombeau et d'en inspecter l'intérieur elle repart vers la ville pour avertir les apôtres et particulièrement Pierre. Sa version des faits est pour nous encore plus étonnante. Elle ne dit pas à Pierre et à Jean : Le Christ est ressuscité d'entre les morts ! Et c'est tout à fait normal si nous tenons compte de la réflexion finale de saint Jean : « *Jusque-là les disciples n'avaient pas vu que, d'après l'Ecriture, il fallait que Jésus ressuscite d'entre les morts* ». Grâce à Marie Madeleine Pierre et Jean vont eux aussi parcourir le chemin qui sépare le cénacle, lieu où ils se sont enfermés par peur des Juifs, du tombeau de leur Maître. Et c'est une véritable course qui s'engage. Le disciple que Jésus aimait a couru plus vite que Pierre. Etait-il plus jeune ? Peut-être. Ou alors est-ce que son amour de Jésus était plus intense… En tout cas, à l'instar de Marie, il n'entre pas dans le tombeau. Il ne fait que se pencher et y aperçoit le linceul. C'est à Pierre et à lui seul qu'est accordé le privilège d'entrer le premier dans le tombeau vide et d'être ainsi le premier témoin de ce signe indirect de la résurrection de Jésus. Le chef des apôtres est donc confirmé dans la mission que son Maître lui a confiée, mission qui demeure inchangée, même après le triple reniement : confirmer ses frères dans la foi. L'évangile ne nous dit pas si le signe du tombeau vide avec les linges a suscité la foi de Pierre. Nous savons seulement qu'il a vu. Par contre de saint Jean il nous est dit : « *Il vit et il crut* ».

Dans le récit des Actes nous retrouvons saint Pierre. Cette fois, il adhère de tout son cœur à la foi pascale. Et nous constatons que sa mission d'apôtre de Jésus, de témoin de son mystère pascal ne se limite pas à confirmer dans leur foi les disciples. Répondant à un appel de Dieu, Pierre a le courage d'annoncer sa foi à un païen. Il est véritablement missionnaire. C'est une véritable prédication et catéchèse qui nous est rapportée. Au centre de cette prédication de la foi pascale il y a la conviction suivante : si nous croyons en Jésus mort et ressuscité pour nous, nous recevons de lui le pardon de nos péchés, c'est-à-dire l'accès à une vie nouvelle.

Et c'est bien de cette vie nouvelle dont nous parle saint Paul dans l'épître. La résurrection du Christ n'est pas seulement dans le passé ou encore dans l'avenir lorsque nous ressusciterons lors de son second avènement. Par la foi et le baptême nous sommes déjà ressuscités même si cette réalité spirituelle demeure discrète. Si actuellement nous sommes ressuscités avec le Christ cela implique de notre part un attachement radical aux valeurs spirituelles et un détachement vis-à-vis de tout ce qui n'est qu'éphémère. « *Recherchez les réalités d'en haut... tendez vers les réalités d'en haut, et non pas vers celles de la terre* ».

En terminant je voudrais souligner le fait suivant : notre foi chrétienne s'enracine dans le témoignage des apôtres et des saintes femmes, témoignage transmis de génération en génération jusqu'à aujourd'hui. C'est dans la mesure où nous nous situons dans la Tradition vivante de l'Eglise, en communion avec notre évêque et le successeur de Pierre, le pape, que nous pourrons vivre vraiment en ressuscités. Vivre en ressuscités cela implique d'une part que nous recevions avec humilité notre foi de Dieu et cela par l'Eglise, et d'autre part qu'en nous voyant on puisse dire : « on voit bien que son espérance ne s'arrête pas avec la mort. Elle va bien au-delà jusque dans la vie éternelle ».

2. Pâques 1998

La fête de Pâques est la plus grande fête de l'année chrétienne parce qu'au centre de notre foi se trouve justement l'événement de la résurrection du Seigneur Jésus. La seule clef qui nous ouvre l'accès à la résurrection de Jésus c'est bien notre foi. Fêter la résurrection du crucifié à Pâques c'est aussi fêter la foi et l'espérance qu'il nous donne par l'action de l'Esprit Saint. Mgr. Bouchex[5], dans son dernier mot consacré à la résurrection de Jésus et l'histoire, souligne bien l'importance de la vertu de foi : « *Aucune preuve évidente ne pourra jamais contraindre quelqu'un à croire que Jésus est ressuscité. La résurrection de Jésus a été, non une réanimation, un retour à sa vie d'avant sa mort, mais un immense bond en avant dans l'éternité, son entrée, avec son humanité y compris son corps, dans la vie qui n'a plus la mort devant elle, parce qu'elle est la vie de Dieu qui échappe à toute mesure humaine et à toute évidence rationnelle* ». Pâques fête de la foi en Jésus ressuscité, oui ! Mais aussi fête de l'espérance qui découle de cet événement : « *Vous êtes morts avec le Christ, et votre vie reste cachée avec lui en Dieu* », écrit saint Paul aux chrétiens de Colosses[6]. « *Quand paraîtra le Christ, votre vie, alors vous aussi, vous paraîtrez avec lui en pleine gloire* ».

Dans notre profession de foi chrétienne nous devons comprendre le rapport intime qui existe entre les deux affirmations suivantes : « Jésus ressuscita le troisième jour conformément aux Ecritures », c'est notre foi en la résurrection du Sauveur, et « J'attends la résurrection des morts, et la vie du monde à venir », c'est notre espérance en notre propre résurrection. D'ailleurs dès les débuts du christianisme ces deux articles fondamentaux du Credo ont été contestés. La réaction des athéniens à la prédication de Paul sur le Christ ressuscité est significative : « *A ces mots de résurrection des morts, les uns se moquaient, les autres disaient : 'Nous t'entendrons*

---

5 Archevêque d'Avignon de 1978 à 2002

6 Colossiens 3, 1-4

là-dessus une autre fois' [7] ». Même au sein de la première Eglise certains chrétiens ne pouvaient pas accepter la réalité de notre propre résurrection à la suite et à cause du Christ. A ces chrétiens sceptiques Paul adresse le raisonnement suivant : « *S'il n'y a pas de résurrection des morts, le Christ non plus n'est pas ressuscité. Mais si le Christ n'est pas ressuscité, vide alors est notre message, vide aussi votre foi... Si c'est pour cette vie seulement que nous avons mis notre espoir dans le Christ nous sommes les plus à plaindre de tous les hommes... Si les morts ne ressuscitent pas, mangeons et buvons, car demain nous mourrons*[8] ». Dans ce magnifique passage de sa première lettre aux Corinthiens l'apôtre développe un raisonnement à la logique implacable. Sans la foi et l'espérance en la résurrection toute la vision chrétienne de la vie s'écroule. Sans la réalité de Pâques le message de l'Eglise comme notre propre foi sont vidés leur sens et de leur fondement.

« *Il vit et il crut* » : l'expérience fondamentale de l'apôtre saint Jean, des autres apôtres et des témoins comme Marie Madeleine est le fondement de notre foi. Car nous, nous croyons sans avoir vu. Ce qui n'implique pas que notre foi en la résurrection soit un acte absurde et aveugle. Contrairement à ce que pourraient faire penser certaines émissions télévisées orientées les évangiles ont une valeur historique certaine, même sur le point précis de la résurrection. Cependant il ne faut pas nous méprendre sur le sens de ce qualificatif d' « historique ». Notre archevêque peut nous aider à y voir plus clair sur ce point délicat : « *La résurrection de Jésus n'a pas été un événement historique au sens où elle se serait passée devant des spectateurs qui auraient pu en fournir des comptes rendus journalistiques, des clichés photographiques, des preuves policières, des arguments scientifiques. Elle n'est pas un fait observable comme les autres, puisqu'elle résulte de l'action de Dieu qui échappe à nos regards et à nos enquêtes. En même temps elle a été un événement historique. Elle a été un fait réel, qui s'est vraiment passé. Elle a touché quelqu'un appartenant à notre humanité. Elle s'est inscrite dans le déroulement de notre*

---
7 Actes des Apôtres 17, 32

8 1 Corinthiens 15, 13-19.32

histoire. Elle est même l'acte le plus historique qui soit, l'acte définitif de Dieu dans notre histoire et pour notre histoire... L'existence, les faits, les paroles de certains hommes de l'histoire s'appuient sur des documents moins nombreux et moins sûrs que ceux qui attestent la résurrection du Christ. C'est pourquoi nous confessons en toute sûreté et en toute confiance : 'C'est bien vrai ! Le Seigneur est ressuscité !' »

3. Pâques 1999

La résurrection du Seigneur Jésus que nous célébrons en ce dimanche de Pâques est un événement unique dans toute l'histoire du salut. Cet événement est en effet le sommet de toute l'histoire sainte. Pour reprendre les paroles de Pierre : « *Dieu a ressuscité Jésus le troisième jour* ». Et ce faisant Dieu mène à son accomplissement toute l'histoire du salut. Le Père inaugure ainsi le temps merveilleux de l'Alliance nouvelle et éternelle. Alliance que plus rien ne pourra détruire puisque « *le Christ, notre agneau pascal, a été immolé* ». L'événement de la résurrection de Jésus n'est pas seulement unique.

Il faut en souligner l'extraordinaire nouveauté. Notre calendrier chrétien part de la naissance de Jésus, c'est-à-dire du mystère de l'incarnation du Verbe. On aurait pu le faire partir du jour de Pâques ! Car c'est bien ce jour-là que notre humanité est entrée de manière définitive dans une nouvelle phase de son histoire, celle des derniers temps. C'est ce que met en relief le rite de la préparation du cierge pascal au début de la veillée. Ecoutons les paroles que le ministre prononce alors : « Le Christ, hier et aujourd'hui, commencement et fin de toutes choses, Alpha et Oméga, (1999), à lui, le temps et l'éternité, à lui, la gloire et la puissance pour les siècles sans fin. Amen ». Jésus, de par sa résurrection, est établi par le Père centre et maître de toute l'histoire humaine, « juge des vivants et des morts ».

Nous fêtons habituellement la date anniversaire de notre naissance. En tant que baptisés, chrétiens, nous pourrions aussi fêter la date anniversaire de notre naissance à la vie nouvelle des enfants de Dieu, celle de notre baptême. La nouveauté de la résurrection de Jésus est telle que saint Jean note à la fin de l'évangile de ce dimanche : « *Jusque-là, en effet, les disciples n'avaient pas vu que, d'après l'Ecriture, il fallait que Jésus ressuscite d'entre les morts* ». Chaque dimanche, et surtout le dimanche de Pâques, nous est donné pour nous émerveiller de cette nouveauté de la résurrection de Jésus. D'où la consigne de saint Paul : « *Célébrons donc la Fête, non pas avec de vieux ferments : la perversité et le vice ; mais avec du pain non fermenté : la droiture et la vérité*[9] ». Ne nous habituons jamais à ce grand mystère mais laissons-nous renouveler par la présence du Christ vivant, du Christ ressuscité au milieu de nous.

Parmi les auteurs du Nouveau Testament saint Paul est peut-être celui qui a le mieux mis en évidence le caractère essentiel du mystère de Pâques. Je me contente de lui laisser ici la parole. Ce qu'il écrit aux Corinthiens se passe de tout commentaire : « *Si le Christ n'est pas ressuscité, vaine est votre foi ; vous êtes encore dans vos péchés. Alors aussi ceux qui se sont endormis dans le Christ ont péri. Si c'est pour cette vie seulement que nous avons mis notre espoir dans le Christ, nous sommes les plus à plaindre de tous les hommes*[10] ».

Je voudrais maintenant terminer en vous disant quelques mots de l'évangile de ce dimanche de Pâques. C'est Marie Madeleine qui entre la première en scène, si je puis m'exprimer ainsi. Saint Jean insiste beaucoup sur la donnée temporelle : « *Le premier jour de la semaine… de grand matin, alors qu'il fait encore sombre* ». Nous comprenons alors à quel point cette femme est pressée, à peine le sabbat terminé, de se rendre au tombeau de celui qu'elle aime tant. L'évangéliste ne nous dit rien de ce qui la pousse à faire ce pèlerinage à l'aube du nouveau jour. Peut-être vient-elle achever la toilette funéraire ? En tout cas une chose est sûre : l'amour de Jésus habite son cœur. « *Elle voit que la pierre a été enlevée du tombeau* ». Plus exactement la grosse pierre, de forme circulaire, a été roulée et laisse désormais ouverte l'entrée du tombeau. Le plus surprenant dans cette scène c'est que Marie Madeleine n'a même pas le réflexe d'entrer dans le tombeau. Elle en conclut immédiatement non pas à la résurrection du Seigneur Jésus mais à son enlèvement. Son corps a été pris, volé, « *et nous ne savons pas où on l'a mis* ». Ce message, c'est en courant qu'elle le transmet à Pierre et à Jean. Et la course de la sainte femme est aussitôt relayée par la course

---

9   1 Corinthiens 5, 8

10 1 Corinthiens 15, 17-19

des deux apôtres. Mais cette fois la visite au tombeau est davantage approfondie. Jean, le plus rapide, laisse à Pierre, le chef des apôtres, l'honneur de pénétrer le premier dans le tombeau et de constater qu'il est vide. C'est le signe du tombeau vide. On ne sait pas pourquoi mais ce signe touche le cœur de Jean alors que Pierre, semble-t-il, ne réagit pas : « *Il vit et il crut* ». Le tombeau vide, la vue des linges funéraires permettent au disciple que Jésus aimait d'accéder à la foi et de saisir ce qui vient de se passer : le Maître et Seigneur est bien vivant, il est ressuscité d'entre les morts. En cette fête de Pâques demandons au Père de nous confirmer dans la grâce qui a été celle de saint Jean, une double grâce : tout d'abord que nous puissions reconnaître les signes de Dieu dans notre vie. Comme le tombeau vide ces signes sont souvent donnés en creux, c'est-à-dire de manière indirecte. Ils ne s'imposent pas à notre liberté. Seul un cœur aimant peut les voir et les comprendre. Enfin puissions-nous grandir dans la foi de notre baptême sans nous effrayer ou nous décourager lorsqu'il nous arrive de connaître des périodes de doute ou de ténèbres intérieures. Croire ce n'est pas voir. Ou bien c'est voir dans l'amour. Et l'amour demeure clairvoyant dans les joies comme dans les difficultés.

4. Pâques 2000

Fêter la résurrection de Jésus-Christ c'est fêter ce qui est au centre de notre foi chrétienne. C'est tellement vrai que saint Paul va jusqu'à affirmer : « *Si le Christ n'est pas ressuscité, vide alors est notre message, vide aussi votre foi. Il se trouve même que nous sommes des faux témoins de Dieu... Si c'est pour cette vie seulement que nous avons mis notre espoir dans le Christ, nous sommes les plus à plaindre de tous les hommes*[11] ».

Même si nous baignons dans une atmosphère matérialiste nous pouvons constater chez beaucoup de nos contemporains une recherche spirituelle. Malheureusement cette recherche n'aboutit pas dans la plupart des cas à une meilleure connaissance de l'Evangile. Dans nos pays de tradition chrétienne beaucoup ont l'impression de connaître le christianisme. Notre religion serait vieille, dépassée, incapable d'apporter un souffle nouveau. Alors on se tourne volontiers vers ce qui semble nouveau, original, étrange : les sectes, le spiritisme, le satanisme, le druidisme, les mouvements néo-païens, les religions ou les doctrines orientales etc. Dans les faits nous savons bien que beaucoup de français et parmi eux surtout les jeunes générations ont une culture chrétienne lamentable... Les chrétiens pratiquants eux-mêmes ont quelquefois une intelligence de leur foi insuffisante ou incomplète. Mais il faut aller encore plus loin. Non seulement le christianisme apparaît comme dépassé mais aussi comme incompréhensible ou inacceptable. Précisément pour tout ce qui concerne l'au-delà, la résurrection, la vie éternelle etc. Beaucoup sont prêts à admettre une survie de l'âme, une âme immortelle ou encore un cycle de réincarnations. Beaucoup croient aux anges gardiens, aux esprits, aux démons. Mais peu acceptent le dogme chrétien de la résurrection : celle de Jésus et la nôtre !

Ne leur jetons pas trop vite la pierre ! Croire en l'immortalité de l'âme cela peut relever d'une raison humaine éclairée comme celle des philosophes païens de l'antiquité. Croire que tout notre être, corps et âme, peut ressusciter cela relève de la

---
11 1 Corinthiens 15, 14-19

foi en Jésus-Christ, cela dépasse de beaucoup les seules capacités de notre raison humaine. La résurrection du Seigneur Jésus, et par conséquent la nôtre, fait partie des mystères de foi. Aucun évangile ne nous donne la description de cet événement. Les évangélistes nous disent simplement ce qui s'est passé après la résurrection. Quand nous parlons de la résurrection du Seigneur Jésus nous devons tenir ensemble deux affirmations : 1°/ Cette résurrection est un fait historique, réel, car dans le cas contraire notre foi serait vidée de son contenu, et les apôtres seraient des menteurs ; 2°/ Cette résurrection échappe au contrôle de notre raison humaine. Elle ne peut être connue et accueillie que dans la foi. En ce sens elle est bien un événement qui s'insère dans notre histoire humaine tout en étant absolument unique, c'est-à-dire différent des autres événements de l'histoire.

La liturgie de la Parole de ce dimanche de Pâques illustre à sa manière cette double affirmation. Tout d'abord le Christ est vraiment ressuscité des morts ! Dans la première lecture Pierre utilise à trois reprises le vocabulaire du témoignage : « *Et nous, les apôtres, nous sommes témoins* ». Non pas témoins de l'événement de la résurrection mais témoins de ce que le Christ est ressuscité, vivant. La vérité du témoignage apostolique trouve son fondement dans le signe du tombeau vide mais surtout dans les apparitions du ressuscité à ses disciples : « *Il lui a donné de se montrer non pas à tout le peuple, mais seulement aux témoins que Dieu avait choisis d'avance* ». Ces témoins, nous le savons, ont été jusqu'au martyre pour attester de la vérité de la foi. Cette annonce de la victoire de la vie sur la mort nous ne pouvons la recevoir et la comprendre que si nous en vivons. C'est le sens de la deuxième lecture : « *Vous êtes ressuscités avec le Christ... Vous êtes morts avec le Christ, et votre vie reste cachée avec lui en Dieu*[12] ». C'est tout le paradoxe de la condition chrétienne ! Puisque le Christ est vraiment ressuscité, nous sommes déjà ressuscités avec lui ! La vie nouvelle inaugurée au baptême est une réalité bien présente et pas seulement pour l'au-delà ! Puisque le Christ n'est pas encore revenu dans la gloire, notre vie nouvelle

---

12 Colossiens 3, 1-4

de ressuscités reste comme cachée avec lui en Dieu. L'esprit du monde est incapable de percevoir toute la beauté et la richesse de la vie chrétienne… Tout cela demeure caché à ses yeux. Notre foi en Jésus ressuscité est à la fois un don et une expérience. Oui, il est grand le mystère de la foi ! Quand nous disons cela pensons toujours au mystère de notre propre existence « cachée avec le Christ en Dieu ». Terminons en écoutant ce que disait saint Paul des apôtres, cela s'applique aussi à chacun d'entre nous :

« *Tenus pour imposteurs, et pourtant véridiques ; pour gens obscurs, nous pourtant si connus ; pour gens qui vont mourir, et nous voilà vivants ; pour gens qu'on châtie, mais sans les mettre à mort ; pour tristes, nous qui sommes toujours joyeux ; pour pauvres, nous qui faisons tant de riches ; pour gens qui n'ont rien, nous qui possédons tout !*[13] »

---

13 2 Corinthiens 6, 8-10

5. Pâques 2001

En ce dimanche de la résurrection la liturgie de la Parole offre à notre méditation l'histoire du salut dans toute son ampleur : passé, présent, avenir. Rien d'étonnant à cela puisque Jésus ressuscité est le centre de cette histoire, la clef de compréhension de cette histoire. Bien plus Jésus ressuscité est celui qui vient jour après jour illuminer notre histoire humaine personnelle, celle de nos vies. Il est celui qui nous donne de découvrir le sens profond de notre être, de notre existence. Ainsi Pâques est à la fois le centre de l'histoire de l'humanité et de l'histoire de chaque homme, chaque femme, de tout temps et de tout lieu. Jésus ressuscité vient dans nos vies que nous soyons enfants, jeunes, adultes ou âgés pour nous dire qu'elles ont une valeur infinie aux yeux de Dieu notre Père. Jésus ressuscité est présent dans nos vies pour y apporter la nouveauté et la joie de l'Evangile.

Jésus ressuscité vient en nous pour nous délivrer du non-sens, de l'absurde, de la fatalité et de la médiocrité. Le mystère de Pâques nous délivre, si nous l'accueillons en notre vie, d'une existence animale se réduisant à l'assouvissement des besoins matériels et des pulsions de plaisir. Ce mystère nous donne de vivre dans la dignité des fils de Dieu pour lesquels la vie spirituelle n'est pas un détail, une option, mais bien l'essentiel de toute vie humaine.

Saint Pierre dans l'enseignement qu'il adresse au centurion de l'armée romaine[14] résume tous les événements qui ont précédé Pâques depuis le baptême de Jean le baptiste jusqu'aux jours de la Passion. Dans ce résumé un rapprochement de termes est saisissant : « *Là où Jésus passait il faisait le bien et il guérissait tous ceux qui étaient sous le pouvoir du démon... Ils l'ont fait mourir en le pendant au bois du supplice* ». Voilà le portrait saisissant de notre humanité pécheresse : une humanité marquée par la méchanceté et l'ingratitude. L'événement de Pâques a beau appartenir au passé, dans les apparences rien n'a changé. Rien n'a changé sauf pour ceux et

---
14 Actes des Apôtres 10, 36-43

celles qui ont pris au sérieux leur baptême et qui l'ont vécu jusqu'au bout. Depuis Pâques 2000 ans de sainteté connue ou inconnue prouvent que notre humanité n'est pas condamnée à s'enfoncer dans le péché. Les martyrs, si nombreux au 20ème siècle, ont accompli dans leur chair et dans leur âme une parole de Jésus : « *L'heure vient où l'on pensera qu'il suffit de vous tuer pour rendre hommage à Dieu* ». Les martyrs sont la preuve vivante que notre humanité est partagée, divisée par rapport à Jésus ressuscité. Nous sommes dans ce temps entre Pâques et le retour du Christ où le combat est à l'ordre du jour, où la lutte spirituelle est nécessaire pour demeurer fidèles aux promesses de notre baptême.

Saint Pierre et l'Evangile nous parlent bien sûr de l'événement de Pâques. Confronté à l'annonce de la résurrection du Seigneur Jésus l'homme n'a pas de meilleure disposition à avoir que celle de Jean dans le tombeau ouvert et vide : « *Il vit et il crut* ». Tant que nous n'avons pas cette foi simple et profonde nous resterons étrangers, extérieurs au mystère de Pâques. Et surtout nous n'en retirerons aucune grâce pour nous-mêmes. « *Tout homme qui croit en lui reçoit par lui le pardon de ses péchés* ». La foi n'est pas d'abord une recherche intellectuelle, recherche toujours menacée par l'orgueil. La foi c'est accepter de vivre une relation de confiance avec Jésus Vivant, Jésus invisible à nos yeux de chair. La foi est une manière de voir notre existence et celle du monde sous le signe de la spiritualité, de la communion avec Dieu. Saint Paul dans le bref passage de sa lettre aux Colossiens[15] nous dit d'une manière admirable ce en quoi Pâques transforme notre vie dès aujourd'hui. A la fois « *vous êtes ressuscités avec le Christ... vous êtes morts avec le Christ* ». Le baptisé est un être en voie de construction, en perpétuel chantier. Tant qu'il est en chemin le chrétien ne peut connaître le repos ou pour le dire autrement l'absence de lutte. « *Tendez vers les réalités d'en haut et non pas vers celles de la terre* ». Si saint Paul nous adresse cette exhortation c'est bien parce que nous succombons souvent à la

---

15 3, 1-4

tentation de considérer que la vie spirituelle est finalement quelque chose de secondaire.

Fêter Pâques nous ouvre enfin sur la dimension de l'avenir : celui de l'humanité et le nôtre. Jésus Vivant à jamais est choisi par Dieu comme juge des vivants et des morts. Et nous savons bien ce sur quoi nous serons jugés : notre fidélité au commandement de l'amour envers Dieu et envers le prochain. Le temps qui nous est donné jusqu'à notre mort, jusqu'au retour glorieux du Christ est un temps de préparation à la bienheureuse vie éternelle. C'est un temps fait d'ombres et de lumière. En effet si nous sommes déjà ressuscités avec le Christ notre vie n'en reste pas moins cachée avec lui en Dieu. « *Quand paraîtra le Christ votre vie alors vous aussi vous paraîtrez avec lui en pleine gloire* ». Dans le baptême nous vivons de manière sacramentelle le mystère de Pâques. Par notre vie et notre mort nous vivons ce mystère de manière réelle. Seul notre passage par la mort avec le Christ nous fera comprendre de l'intérieur le mystère de Pâques. De même que Jésus a connu la mort puis la résurrection, de même nous connaîtrons, si nous sommes en communion avec lui, notre mort comme un passage vers la plénitude de la vie et du bonheur. Plénitude que seul Dieu peut nous donner.

6. Pâques 2002

La première lecture[16] de cette fête nous montre un exemple de la toute première prédication chrétienne : Pierre annonce à un centurion de l'armée romaine le mystère de Jésus-Christ. Mystère de mort et de résurrection, mystère de salut : « *Tout homme qui croit en Jésus reçoit par lui le pardon de ses péchés* ». La scène se passe à Césarée : ville maritime, éloignée de la Judée et de Jérusalem la capitale religieuse. Nous sommes chez un païen, un étranger. C'est dire que dès le début la prédication de la résurrection a une portée universelle. Le Christ est Sauveur pour tous. Cette prédication s'appuie sur le témoignage de Marie-Madeleine, de Pierre et de Jean ainsi que des autres témoins. Qu'ont-ils vu ? Certains le tombeau vide, d'autres des anges, d'autres encore Jésus lui-même.

Et chose admirable cette prédication nous est parvenue à nous qui sommes rassemblés en cette église d'Uchaux[17], tant de siècles après l'événement. Le témoignage apostolique est venu jusqu'à nous et nous l'avons accueilli dans la foi. En ce jour de Pâques il serait bon de faire mémoire de cela : de quelle manière et quand ai-je reçu cette Bonne Nouvelle de la résurrection ? Chacun peut répondre personnellement dans son cœur. Nous serions peut-être étonnés par la variété de nos réponses respectives... L'un a reçu l'Evangile dès sa plus tendre enfance, l'autre une fois devenu adulte. Et puis il y a tous ces visages qui ont été pour nous les témoins de l'Evangile : pour certains les parents ou une grand-mère, un grand-père, pour d'autres une catéchiste, pour d'autres encore un prêtre... sans oublier tous ceux qui ont été touchés par d'autres témoignages, d'un autre ordre qu'un chrétien connu et rencontré : la lecture de la bible ou d'un livre, l'art chrétien, la musique sacrée etc. N'oublions pas que derrière tous ces témoins et ces témoignages il y a l'Eglise du Christ qui, telle une mère, ne cesse de nous enfanter à la vie nouvelle des enfants de Dieu.

---

16 Actes des Apôtres 10, 34-43

17 Paroisse du diocèse d'Avignon (Vaucluse)

Qu'avons-nous fait du riche héritage reçu ? Telle est l'interrogation que nous pourrions nous faire en cette fête. Si nous sommes ici c'est bien parce que nous avons reçu quelque chose. Je vous proposerai trois attitudes fondamentales qui nous aident à vivre vraiment du mystère de Pâques et à le rayonner autour de nous.

La première c'est l'action de grâces, la capacité à dire merci au Seigneur et aux autres. C'est un aspect essentiel de toute prière véritablement chrétienne. Pourquoi dire merci ? D'abord parce que nous avons reçu l'héritage de la foi sans aucun mérite de notre part, alors que tant d'autres ne l'ont pas reçu... Aussi pour toutes les simples joies de la vie quotidienne. Combien notre vie serait belle, épanouie et heureuse si nous avions des yeux pour les voir et un cœur pour rendre grâce ! Le Vivant de Pâques nous sauve d'une attitude maussade, insatisfaite, critique à l'excès. Il nous ouvre un chemin de vie : la simplicité, l'émerveillement et la gratitude sont les meilleurs remèdes contre le stress qui ronge tant de nos contemporains. Nous avons reçu l'Evangile. Nous avons la malheureuse possibilité de refermer en quelque sorte le tombeau de Jésus... par notre négligence à nous ouvrir à sa présence surtout par la prière et les sacrements.

Cela m'amène tout naturellement à la deuxième attitude. Car dire merci ne peut que faire grandir en nous un fruit de l'Esprit : la joie chrétienne. Vous allez me dire que quand on est malade, qu'on connaît des problèmes familiaux ou d'emploi on a beau être chrétien on en est pas pour autant joyeux. Dire cela c'est méconnaître la puissance de la joie spirituelle. Notre vie reste cachée avec le Christ en Dieu[18]. Ici-bas nous ne pouvons pas connaître en plénitude les conséquences de la résurrection. Il nous faut mourir comme Jésus pour parvenir à la joie sans ombres de la résurrection. Mais cette joie nous pouvons déjà la goûter au milieu de nos succès et de nos échecs. Une clef de la joie chrétienne consiste en notre manière d'accueillir les événements heureux et malheureux dont est faite notre existence. Lorsque le malheur nous frappe,

---

18 Colossiens 3, 1-4

nous pouvons soit nous enfoncer, c'est le désespoir et la résignation, soit nous en servir de tremplin pour aller plus loin, c'est l'espérance, la confiance et l'abandon. Heureux sommes-nous si nous pouvons dire à Dieu à travers toutes les vicissitudes de notre vie : que ta volonté soit faite ! Cela ne signifie pas que nous attribuons tel malheur qui nous arrive à la volonté de Dieu. Cela veut dire que dans le malheur nous aspirons à ce que la volonté de Dieu sur nous s'accomplisse. Une autre clef de la joie chrétienne se trouve dans une petite phrase que la société contemporaine trouve à tort contre-productive : « *A chaque jour suffit sa peine* ». Etre responsable c'est certes se soucier du lendemain mais en vivant pleinement l'aujourd'hui.

Pour la troisième et dernière attitude je serai plus bref. Si nous sommes joyeux alors rayonnons la joie autour de nous comme par contagion. Si nous avons reçu gratuitement alors donnons à notre tour gratuitement. Nous sommes un maillon de ce long témoignage apostolique. Nous ne sommes pas indispensables mais nous avons notre place à tenir dans l'Eglise et dans le monde. Que faisons-nous de nos talents ? Un signe que nous croyons vraiment en Jésus ressuscité, que nous aimons son Eglise, c'est bien la part que nous prenons pour que nos paroisses soient vivantes et accueillantes.

7. Pâques 2003

Dans les années qui suivirent la mort et la résurrection du Christ beaucoup ont tenté de mettre par écrit les paroles et les actes du Messie. Saint Luc le rappelle en commençant son évangile :

« Plusieurs se sont appliqués à composer un récit des événements qui ont eu lieu parmi nous, tels qu'ils nous ont été transmis par ceux qui en furent les premiers témoins et qui par la suite sont devenus serviteurs de la Parole ».

Parmi tous ces récits l'Eglise en a retenu quatre : les évangiles de Matthieu, Marc, Luc et Jean. Ce sont les évangiles dits « canoniques » parce qu'ils font partie du canon des Ecritures tel que l'Eglise l'a au fur et à mesure déterminé. Dans l'esprit de l'Eglise un livre canonique signifie un livre inspiré par le Saint Esprit, un livre qui est normatif pour la foi, la prière et la morale chrétiennes. Par opposition au quatre évangiles canoniques il existe de nombreux évangiles apocryphes, ceux qui ne font pas partie de notre bible. Sur quels critères l'Eglise s'est-elle appuyée pour reconnaître à un évangile la qualité de canonique ? Parmi les nombreux critères il en est de particulièrement intéressant pour nous en cette fête de Pâques. Certains écrits ne rendaient pas compte du mystère pascal de Jésus-Christ dans son intégralité. Dans certains récits il arrive que l'auteur fasse l'impasse soit sur la Passion soit sur la résurrection du Christ.

Cela constituait un motif suffisant pour l'Eglise qui écartait alors ces récits comme apocryphes, les excluant ainsi du canon des Ecritures. Ce fait historique montre à quel point la Passion et la résurrection de Jésus de Nazareth sont le fondement de toute notre foi et notre vie chrétiennes. Il est intéressant de relever que l'Eglise n'a pas eu la même exigence quant aux origines du Messie ou quant à sa naissance. Marc et Jean n'en parlent pas de manière explicite. Cela ne les a pas empêchés d'être admis parmi les évangiles canoniques. Enfin on sait bien que, liturgiquement parlant, la fête de Noël est bien plus tardive que la fête de Pâques. Tout cela confirme bien la place centrale, essentielle du mystère pascal dans notre foi chrétienne. Etre chrétien c'est croire que le Christ nous a sauvés par son sacrifice d'amour sur la croix et que le Père l'a ressuscité d'entre les morts.

Les quatre évangélistes sont unanimes à affirmer le fait suivant : les saintes femmes se sont rendues au tombeau de Jésus, le dimanche matin, dès l'aube, et ont trouvé la pierre roulée et le tombeau vide. Elles venaient pour compléter la toilette funéraire de leur Maître, elles venaient honorer un mort et voilà que le corps a disparu, il n'est plus là ! C'est la toute première expérience pascale, avant même les manifestations du Christ vivant à ses apôtres et aux femmes. Nous sommes habitués à entendre ce témoignage et à croire en la résurrection de notre Seigneur. Mais il faut nous remettre dans le contexte de cette aube de Pâques. Les saintes femmes allaient à la rencontre d'un défunt. Elles étaient vraiment très éloignées de penser trouver la pierre roulée et le tombeau vide à leur arrivée sur les lieux. Cette découverte a eu l'effet sur elles d'un véritable tremblement de terre, les mots « surprise » ou « étonnement » étant bien trop faibles pour décrire ce qu'elles ont dû ressentir sur le moment. Est-ce pour cela que Matthieu parle d'un tremblement de terre au moment où l'ange se manifeste aux femmes ?

Notre foi en la résurrection du Seigneur devrait provoquer bien des tremblements de terre dans nos vies et dans nos habitudes. Si je crois vraiment que Jésus est le Vivant et qu'il est ressuscité d'entre les morts, alors cela devrait avoir des conséquences pratiques dans ma vie quotidienne !
Comment alors ne pas le prier, le louer, le remercier et le supplier pour moi-même, pour mes proches et pour le monde ?
Comment alors ne pas vouloir partager avec mes frères en humanité la paix et la joie du Ressuscité ?
Comment alors ne pas être généreux dans le don de moi-même et dans le partage de mes biens matériels ?

Comment alors ne pas lutter contre l'injustice et la haine pour que règnent enfin l'amour et la vérité ?

Comment finalement ne pas être ce que je suis : c'est-à-dire chrétien, tout simplement…

8. Pâques 2004

Pâques, nous le savons, est le sommet de l'année liturgique chrétienne même si dans l'esprit de beaucoup Noël ou le dimanche des rameaux sont des fêtes plus importantes...

Par la force des choses l'année liturgique nous fait célébrer les mystères de notre foi de manière successive et séparée. Or nous ne devons jamais perdre de vue que le mystère chrétien est un et qu'il trouve le fondement de son unité dans la personne, la vie et la mission du Christ. En raison de cela les mystères de la foi ne trouvent leur sens profond que si nous avons le réflexe de les relier les uns aux autres. C'est l'ensemble davantage que le détail qui est source de lumière pour notre intelligence, notre foi et notre prière. Il est évident que l'on ne peut pas séparer la résurrection des mystères douloureux qui l'ont précédée : la Passion, la mort sur la croix et la mise au tombeau. Mais il faut aller encore plus loin si nous voulons saisir de manière achevée la portée de Pâques dans notre foi et dans notre vie.

L'événement de Pâques, la résurrection du Christ, marque en effet le commencement d'une nouvelle création. Et c'est donc bien entre la Genèse et l'Apocalypse que nous devons situer cet événement central de l'histoire du salut. Ce n'est pas par hasard que la première lecture de la vigile pascale nous renvoie aux premières pages de la bible : avec le premier récit de la création en Genèse 1. Pour comprendre Pâques nous devons nous remettre en mémoire certains aspects du mystère de la création. Notre foi nous dit que Dieu crée toutes choses *ex nihilo*, c'est-à-dire à partir de rien. Et qu'avant la toute première apparition de la matière et de la vie il n'y avait absolument rien en dehors de Dieu : seulement Dieu Trinité dans sa communion de vie et d'amour. C'est pour ainsi dire en sortant de lui-même que Dieu crée tout ce qui est. Cet acte créateur est purement libre, gratuit et seul l'amour qui est Dieu peut l'expliquer. Dieu est tellement surabondance de vie qu'il a voulu créer d'autres formes de vie que la sienne et cela avec une profusion et une variété extraordinaire.

Bonum diffusivum sui, dit un adage scholastique : le Bien et la bonté ne peuvent faire autrement que de se répandre, que de se communiquer. Et parmi toutes les créatures seuls l'homme et la femme sont créés à l'image de Dieu et selon sa ressemblance. « *Dieu vit tout ce qu'il avait fait : c'était très bon* ».

Nous savons comment d'après la révélation biblique Adam et Eve se sont privés de l'amitié avec Dieu : c'est le drame du péché originel. C'est le risque de notre liberté humaine qui peut aller jusqu'à nous couper du Créateur. Saint Paul présente le Christ comme le nouvel Adam et les pères de l'Eglise voient en Marie la nouvelle Eve. Célébrer Pâques c'est prendre conscience que désormais plus rien n'est comme avant : tout est nouveau. Nous résumons cela en parlant de Nouvelle Alliance. N'oublions cependant pas que cette Nouvelle Alliance est aussi une recréation, une création nouvelle. Le Christ ressuscité reçoit ce titre significatif : le Vivant. « *Pourquoi cherchez-vous le Vivant parmi les morts ?* » Telle est la question décisive que les messagers de Pâques posent aux saintes femmes venues au tombeau pour la toilette funéraire. C'est le nouvel Adam, le Vivant, qui est le chef, le commencement de la nouvelle création. Le ressuscité vient nous redonner la splendeur et la dignité de l'image divine ternie en nous par le péché originel et par nos propres péchés. Dans la nouvelle création non seulement nous retrouvons en nous toute la beauté de l'image divine mais nous sommes divinisés. Et tout cela commence avec le sacrement de baptême et avec la foi qui est inséparable de ce sacrement. Quant à la confirmation et à l'eucharistie, ces sacrements viennent fortifier et nourrir en nous la vie divine, la vie de la nouvelle création.

Vous me direz peut-être que tout cela est bien beau mais qu'en voyant l'état de notre monde actuellement on pourrait douter de la réalité de cette création nouvelle... Souvenez-vous bien qu'il faut comprendre le mystère de Pâques entre la création et l'Apocalypse. N'oublions pas l'Apocalypse ! « *Voici que je fais toutes choses nouvelles* ». De même que le Christ ressuscité est invisible, de même les signes de la nouvelle création sont souvent humbles et discrets. Pour conclure écoutons ce que saint Paul écrivait aux chrétiens de Colosses :

« *Vous êtes morts et votre vie est cachée en Dieu avec le Christ ; quand le Christ apparaîtra, lui qui est votre vie, vous apparaîtrez vous aussi avec lui dans la gloire* ».

9. Pâques 2006

Pâques, sommet de notre année liturgique, est une joyeuse célébration de la vie. C'est pour nous l'occasion de contempler le don de la vie. Dieu notre Père, Dieu Créateur, nous donne en tout premier lieu la vie humaine, la vie biologique. Le Christ nous donne ensuite par son mystère pascal la vie divine, la vie d'enfants de Dieu. Et nous savons que c'est par le sacrement de baptême que nous accueillons en nous ce don de la vie divine.

Ce n'est pas par hasard que la première lecture de la veillée pascale est celle du récit de la création au premier chapitre de la Genèse. Pâques nous invite donc à faire mémoire de toute la création. Nous sommes probablement trop habitués au mystère de notre propre vie. Nous sommes blasés au lieu d'être émerveillés. Les réalités les plus simples, les plus naturelles, nous les considérons comme « normales ». Et malheureusement il faut, par exemple, que la maladie arrive pour que nous appréciions la bonne santé ! La vie, donnée par le Créateur, est d'une infinie richesse, d'une infinie variété. Qu'il nous suffise de penser un seul instant aux *degrés principaux de la création* : la pierre, la plante, l'animal et enfin l'homme et la femme...

Le passage de la plante à l'animal est extraordinaire : c'est le mouvement, la capacité de se déplacer, d'émettre des sons etc. Le passage de l'animal à l'homme est encore plus extraordinaire : notre vie est faite de liberté, de raison, d'intelligence, d'amour. Nous avons la merveilleuse capacité du langage et la possibilité de communiquer ainsi nos émotions, nos sentiments et nos connaissances. L'auteur de la Genèse marque bien *ce saut qualitatif dans la création de Dieu*. Seuls l'homme et la femme sont en effet créés à l'image de Dieu et selon sa ressemblance. En créant les animaux, Dieu vit que cela était bon. En créant l'homme et la femme, il vit que cela était *très* bon. Nous pourrions aussi avec Pascal nous émerveiller de cette vie qui va de l'infiniment petit à l'infiniment grand. Et contempler ainsi une coccinelle, admirer un éléphant etc. En tant que chrétiens il nous faut retrouver cet émerveillement face à la création, face à notre propre existence, unique et singulière. C'est que fait le psalmiste dans le psaume 138 :

« C'est toi qui as créé mes reins,
Qui m'a tissé dans le ventre de ma mère.
Je reconnais devant toi le prodige,
L'être étonnant que je suis :
Etonnantes sont tes œuvres,
Toute mon âme le sait.
Mes os n'étaient pas cachés pour toi
Quand j'étais façonné dans le secret,
Modelé aux entrailles de la terre.
J'étais encore inachevé, tu me voyais ;
Sur ton livre, tous mes jours étaient inscrits,
Recensés avant qu'un seul ne soit ! »

Emerveillement donc devant le miracle non seulement de la vie humaine, mais de ma propre existence ! Cependant je sais que ma vie, aussi belle soit-elle, est fragile, menacée, et que je connaîtrai inévitablement la mort. C'est ici que Pâques met en rapport la création du Père et le salut apporté par le Fils. Ce rapport est très bien signifié par la prière de la vigile pascale, prière qui suit la lecture de Genèse 1 : *« Seigneur notre Dieu, toi qui as fait merveille en créant l'homme et plus grande merveille encore en le rachetant, donne-nous de résister aux attraits du péché par la sagesse de l'esprit, et de parvenir aux joies éternelles. »*

Oui, en ce saint jour de Pâques, nous célébrons le Christ notre Vie ! C'est lui qui nous donne la vie spirituelle, la vie d'enfants de Dieu. Et c'est dans la vie de notre baptême que notre vie humaine est plongée pour être sauvée du pouvoir de la mort éternelle. Si la résurrection du Seigneur est un fait, un évènement unique qui s'est produit autrefois à Jérusalem, notre propre résurrection est une espérance. Puisque le Christ est vivant aujourd'hui, dans la gloire de Dieu notre Père, nous pouvons dire avec Paul que nous sommes déjà ressuscités avec Lui. Mais c'est en espérance : *« morts avec le Christ »,* notre vie *« reste cachée avec lui en Dieu. »* La victoire sur le mal et la mort nous est acquise. Mais il nous faudra passer par notre propre mort physique pour connaître en plénitude l'accomplissement de toute notre vie humaine dans notre vie spirituelle, c'est-à-dire dans notre relation filiale à Dieu notre Père. Encore faut-il que nous participions librement à cette victoire de Pâques que nous célébrons. Comment ? En rejetant le péché qui est toujours une œuvre de mort, et en entrant toujours plus résolument dans la dynamique de l'amour envers Dieu et envers le prochain. Alors nous connaîtrons véritablement la joie de Pâques, nous serons inondés par ce fruit de l'Esprit qu'est la joie spirituelle.

10. Pâques 2007

« Et voici que Dieu a ressuscité Jésus le troisième jour. Il lui a donné de se montrer, non pas à tout le peuple, mais seulement aux témoins que Dieu avait choisis d'avance, à nous qui avons mangé et bu avec lui après sa résurrection d'entre les morts. » Nous venons d'entendre ces paroles de Pierre dans la première lecture. Cependant, pour la fête des fêtes, Pâques, l'Eglise n'a pas choisi comme Evangile une manifestation du Ressuscité à ses disciples... Chaque année nous entendons l'Evangile du tombeau ouvert et vide en saint Jean.

Alors que la nuit se transforme lentement en jour, Marie Madeleine se rend au tombeau. Contrairement aux Evangiles de Marc et de Luc, Jean ne nous dit pas le but de sa visite. Il est suivi sur ce point par Matthieu. Les deux autres évangélistes sont clairs. Ecoutons la version de Marc : *« Une fois terminé le sabbat, Marie de Magdala, Marie, mère de Jacques, et Salomé achetèrent des parfums afin d'embaumer le corps.*[19] *»* Dans le quatrième Evangile nous ne savons donc pas ce qui pousse Marie Madeleine à se rendre au tombeau de si bonne heure. A propos de Marie, relevons deux choses : c'est une femme et une ancienne pécheresse. Et c'est elle qui, la première, va constater que la grosse pierre qui ferme l'entrée du tombeau a été roulée : bref le tombeau est ouvert ! C'est curieux mais Jean ne nous dit pas que Marie a été voir l'intérieur du sépulcre.

Elle retourne immédiatement en arrière pour annoncer la nouvelle à deux Apôtres : Pierre, et l'autre disciple, celui que Jésus aimait : *« On a enlevé le Seigneur de son tombeau, et nous ne savons pas où on l'a mis. »* Marie parle de Jésus comme Seigneur, elle lui donne ainsi le titre divin. Elle n'annonce pas du tout la résurrection aux apôtres, elle parle tout simplement d'un enlèvement, d'un vol de cadavre.
Et voilà que Pierre et Jean se mettent, eux aussi, à courir, mais dans l'autre sens, pour constater ce que Marie vient de leur annoncer. Après le signe du tombeau ouvert,

---
19 Marc 16, 1

Jean, le plus rapide, découvre le signe des linges funéraires. Jean a couru plus vite certainement parce que son amour pour Jésus était le plus fort. Il est le disciple aimé du Seigneur. *« Cependant il n'entre pas. »* Il laisse la préséance à Pierre, celui que Jésus a choisi pour être le chef de son Eglise. Pierre, lui aussi, voit les linges, et c'est alors que l'autre disciple entre dans le sépulcre vide. Et là c'est comme un espèce d'éclair, une illumination subite : *« Il vit et il crut. »* Le signe du linceul ouvre à Jean l'univers de la foi en la Résurrection.

Et à ce deuxième signe s'en ajoute un troisième, celui de l'Ecriture, selon laquelle *« il fallait que Jésus ressuscite d'entre les morts. »* En fait la Parole de Dieu était le premier signe, mais il a fallu les deux autres pour que tout s'illumine d'un seul coup. Si la résurrection du Seigneur est un objet de foi, j'y reviendrai, la Bible ne prend tout son sens que dans la foi au Seigneur Jésus. C'est ce que Paul affirme aux Corinthiens :

« Les pensées des Israélites se sont endurcies. Car jusqu'au jour d'aujourd'hui, lors de la lecture de l'ancienne Alliance, le même voile demeure sans qu'il y ait dévoilement, parce que c'est en Christ qu'il est aboli. Mais jusqu'à ce jour, chaque fois qu'on lit Moïse, un voile est posé sur leur cœur. C'est quand on se tourne vers le Seigneur que le voile est enlevé.[20] »

Je conclurai en insistant sur le fait suivant : il n'y a pas de preuves et il n'y aura jamais de preuves de la Résurrection du Seigneur. L'Evangile de cette liturgie montre tous les signes que Dieu a destiné aux premiers témoins de Pâques : le tombeau vide, les linges funéraires soigneusement rangés, et la Sainte Ecriture elle-même. Au matin de Pâques, Marie, Pierre et Jean ne découvrent pas la plénitude de la vie ou une manifestation éclatante du Ressuscité. Ils découvrent plutôt une absence, un vide. Oui, le tombeau est bien vide, donc inutile. Jean, pour le moment, n'a pas vu le

---

20 2 Corinthiens 3, 14-16

Seigneur ressuscité. Ce n'est qu'après que viendront les manifestations du ressuscité aux saintes femmes et aux apôtres. Il n'a vu que des signes, et pourtant il croit.

Nous aussi nous croyons en la résurrection du Seigneur, non pas comme en un simple symbole, mais comme en une réalité. Le crucifié, enseveli au tombeau, est vraiment ressuscité d'entre les morts par la puissance du Père et l'amour de l'Esprit. Pâques n'est pas une allégorie, un mythe ou une légende qui nous consolerait de notre condition mortelle et finie… Pâques est véritablement le centre et le pivot de notre histoire humaine. Jésus, le Vivant, se révèle à nous dans l'Apocalypse comme le commencement et la fin, l'Alpha et l'Oméga. Avec saint Paul, nous savons que si le Christ n'est pas ressuscité, alors notre foi est vaine : c'est-à-dire inutile et vide. *« Si c'est pour cette vie seulement que nous avons mis notre espoir dans le Christ, nous sommes les plus misérables de tous les hommes.*[21] *»* Oui, nous sommes bien à plaindre dans ce cas-là ! Nous n'avons plus les signes du tombeau ouvert et des linges. Notre foi de Pâques s'appuie donc sur un double témoignage : celui des Ecritures et celui des Apôtres, toujours vivant dans notre Eglise. Depuis 2000 ans, la foi pascale a véritablement déplacé des montagnes. L'histoire de l'Eglise est d'abord une histoire de sainteté, même si elle a traversé des zones d'ombre. Les saints sont les meilleurs témoins de la force du ressuscité à l'œuvre dans notre existence et dans l'histoire de notre humanité. Si vraiment nous croyons en Jésus ressuscité, alors nous pouvons être certains que Dieu fera des merveilles dans notre vie et pour la vie éternelle.

---
21 1 Corinthiens 15, 17-19

Oui, je veux morebooks!

i want morebooks!

Buy your books fast and straightforward online - at one of world's fastest growing online book stores! Environmentally sound due to Print-on-Demand technologies.

Buy your books online at
www.get-morebooks.com

Achetez vos livres en ligne, vite et bien, sur l'une des librairies en ligne les plus performantes au monde!
En protégeant nos ressources et notre environnement grâce à l'impression à la demande.

La librairie en ligne pour acheter plus vite
www.morebooks.fr

VDM Verlagsservicegesellschaft mbH
Heinrich-Böcking-Str. 6-8   Telefon: +49 681 3720 174   info@vdm-vsg.de
D - 66121 Saarbrücken   Telefax: +49 681 3720 1749   www.vdm-vsg.de

www.ingramcontent.com/pod-product-compliance
Lightning Source LLC
Chambersburg PA
CBHW031226170426
43191CB00030B/296